Widmung

Dieses Buch ist all jenen gewidmet,
die seit Jahren diese Anleitung erbeten haben.
Es sind die Affirmationen, die ich in vergangenen Retreats gegeben habe.

Danksagung

Ich danke Susanne Meyer für die Übertragung ins Deutsche und ihren engagierten Einsatz für die Verwirklichung dieser Veröffentlichung.

Peter Mt. Shasta

ICH BIN
Affirmationen

und das Geheimnis ihrer erfolgreichen Anwendung

Bibliografische Information der Deutschen Nationalbibliothek:
Die Deutsche Nationalbibliothek verzeichnet diese Publikation in der
Deutschen Nationalbibliografie; detaillierte bibliografische Daten sind im
Internet über http://dnb.dnb.de abrufbar.

© 2015 Peter Mt. Shasta
überarbeitete Neuauflage 2019
petermtshasta@gmail.com
www.PeterMtShasta.com
Titel der Amerikanischen Originalausgabe:
"I AM" Affirmations And the Secret Of Their Effective Use,
erschienen bei Church of the Seven Rays, Mount Shasta, 2012
Übertragung aus dem Amerikanischen: Susanne Meyer
Übersetzung der Reden der Aufgestiegenen Meister: Reinhold Köglmeier
Lektorat, Korrektorat: Cyberinstitut Art & Consult
Umschlaggestaltung, Illustration: Tracy Tuttle
Darstellung der ICH BIN Gegenwart: Amorea

Herstellung und Verlag: BoD – Books on Demand, Norderstedt

ISBN:978-3-7386-3101-2

Inhalt

Die ICH BIN Gegenwart

Die ICH BIN Gegenwart

Die ICH BIN Gegenwart ist Gott, dein Höheres Selbst, ein Brennpunkt des Bewusstseins, umgeben von den Regenbogenfarben des Kausalkörpers. Diese Farben sind das Angesammelte Gute aus den Erfahrungen vieler vergangener Leben. Von diesem Gott-Selbst strömt das leuchtende Christus-Selbst aus, welches als Vermittler zwischen dem Gott-Selbst und dem menschlichen Selbst wirkt. In einigen künstlerischen Darstellungen wird auch der Höhere Mentalkörper, oder die Seele, welche in einer noch niederen Dimension ihre Existenz hat, gezeigt.

Ein Strom von bewusster Energie wird vom Herzen des Gott-Selbst durch die verschiedenen Dimensionen hindurch abwärts in den menschlichen Körper projiziert, wo sie im Zentrum der Brust, nahe der Thymusdrüse verankert ist. Dies ist gut wahrnehmbar als der Energie-Brennpunkt oder die Flamme, die uns erhält, versorgt und uns Führung gibt, die dreifältige Flamme der Liebe, Weisheit und Kraft. In der Kunst wird diese symbolisiert durch die Fleur de Lys, die dreiblättrige französische Lilie. Das Gewahrsein dieser Flamme ist der Schlüssel zur bewussten Meisterung.

Der Lebensstrom vollendet seinen irdischen Weg nur, wenn das Bewusstsein des menschlichen und des Göttlichen Selbst im Herzen vereint sind. Dann werden wir ein lebendiger Christus.

Du Bist Das LICHT

Der Große Göttliche Direktor

Im Zentrum deines Wesens ist ein großes Licht, und du bist dieses Licht. Das ist die Wahrheit deines Wesens. Diese Wahrheit sollst du kennen und diese Wahrheit wird dich Frei machen. Dies ist die Wahrheit, die Jesus sprach, die Wahrheit für alle Menschen, die jeder Mensch wissen kann.
Und wie kannst du diese Wahrheit erkennen? Durch direkte Erfahrung. Das Licht, das jeden Menschen erleuchtet, der in die Welt kommt, ist eine Realität – und als Realität kann es erfahren werden.
So wie der Wind nicht sichtbar ist, sondern nur seine Wirkung, sein Druck gefühlt werden kann, so kann auch die Wirkung des Lichtes in dir gesehen, ihr Druck gefühlt werden. Und dieser Druck ist eine Kraft, weit jenseits dessen, was der menschliche Verstand erfassen kann. Wenn du dieses Licht sehen willst, musst du zu diesem Licht gehen; und dieses Licht ist in dir – im Inneren, um dich herum und über dir. Und alle Dinge bestehen aus diesem Licht, und dieses Licht ist in allen Dingen. Es gibt kein Ding, keinen Menschen, der nicht aus diesem Licht besteht.
Doch bevor dieses Licht gesehen werden kann, wird es gefühlt, und um es zu fühlen, musst du zuerst die Fähigkeit zu Fühlen entwickeln; und die Quelle dieser Fähigkeit, zu fühlen, ist im Herzen. Dein Herz ist das Zentrum deines Seins, es ist das Zentrum deiner Gefühle, das Zentrum, wo der Druck des

Lichts zuerst gefühlt werden kann, dann gesehen – und man kann es sehen!

Das erfordert Übung. Kennst du irgendetwas von Wert, das zu erreichen keine Übung erfordert? Sei beharrlich – denn das Licht Gottes steht über der ganzen Welt. Und du bist dieses Licht! Je eingehender du dich mit dieser Wahrheit befasst, desto gewisser wirst du ihrer, und desto stärker wird diese Wahrheit in dir sein. Worauf auch immer deine Aufmerksamkeit gerichtet ist, wirst du werden. Deine Aufmerksamkeit ist eine große Linse, mit der du deine Energie fokussierst, und dein Sein kontrollierst.

In allen ist diese Kraft der Aufmerksamkeit aktiv, zu jeder Zeit, ob bewusst oder unbewusst. Was du bist, was du in jedem gegebenen Augenblick erlebst, ist einfach das Ergebnis dessen, worauf du deiner Aufmerksamkeit gestattet hast, gerichtet zu sein. Wenn du deiner Aufmerksamkeit gestattest, von sinnlichen Dingen angezogen zu werden, wirst du in einer Welt der Sinne leben, als Gefangener; wenn du indessen deine Aufmerksamkeit auf das Licht im Inneren richtest, wirst du Freiheit finden, und das Königreich des Himmels betreten. Du hast in dir in jedem Moment die Wahl.

Im Zentrum deines Wesens hast du einen Göttlichen Direktor – das Bewusstsein deines Wahren Selbst – das dich bei deiner Wahl in jedem Augenblick führen und leiten wird, wenn du ihm deine Aufmerksamkeit zuwendest. Es ist eine Großartige Leuchtende Sonne in dir. Ich danke dir.

In Deine Hände, Oh Vater, empfehle ich mich, meinen Geist, mein Herz, mein Leben, meine Welt, denn ich weiß, ICH BIN Dein Kind. Aus Dir bin ich gekommen; alles, was ich habe – alles was ICH BIN – gehört Dir, zu Dir kehre ich für immer zurück. Dein Wille geschehe durch mich so, wie er in Dir ist – ICH BIN Eins mit Gott, für immer.

Bevor Abraham, war ICH BIN.

Joh. 8:58

Da sprach Gott zu Mose, ICH BIN DER ICH BIN.

Exodus 3:13-14

Im Anfang war das Wort
und das Wort war bei Gott
und Gott war das Wort.

Joh. 1:1

ICH BIN der Anfang, die Mitte und das Ende
aller Schöpfung...
ICH BIN die Ursache allen Seins...
Es gibt nichts, beseeltes oder unbeseeltes,
das außerhalb von mir existieren kann.

Lord Krishna, "Bhagavad-Gita"

Das Große ICH BIN

Der Gebrauch von Affirmationen ist eine ebenso uralte wie machtvolle Art, auf die Wirklichkeit Einfluss zu nehmen. Zuerst muss man jedoch erkennen, dass der Zugang zur Veränderung der Wirklichkeit in einem selbst begründet liegt. Das, was du ändern kannst, liegt in dir selbst. Der Versuch, mit dem Ego, dem Verstand und der Willenskraft auf etwas 'da draußen' Einfluss zu nehmen, schafft nur eine karmische Bindung, die einen verpflichtet, die Folgen einer solchen gewaltvollen Aktion zu tragen.

Sobald du die wahre Natur der Realität in dir verstanden hast, siehst du die Dinge in einem neuen Licht; dass die Dinge gerade so sind, wie sie sein sollen, um die Lektionen zu lernen, die wir lernen sollen, und dass es überhaupt keine Notwendigkeit gibt, hierin einzugreifen. Liegt die gewünschte Veränderung vielleicht in unseren Vorstellungen? In jedem Fall ist innerer Wandel der einzige Weg, überhaupt wirkliche Veränderung zu erreichen, denn jede äußere Veränderung beginnt Innen.

Seit Anbeginn der Zeit war „ICH BIN" als der geheime Name Gottes bekannt. Da wir „nach Gottes Ebenbild geschaffen wurden", ist es auch unser geheimer Name, und indem wir verstehen, wie wir diesen wahren Wesenskern anzapfen können, werden wir zu Schöpfern, die Wunder wirken können. Mit dem Gebrauch von „ICH BIN" Affirmationen können wir unser Bewusstsein lenken, alles Erdenkliche, was das

Universum in Form und Gestalt zu manifestieren wünscht, hervorzubringen. Dieser Vorgang ist so einfach, dass jedes Kind es zu vollbringen vermag, denn alles was nötig ist, ist der Glaube, dass alles Erdenkliche möglich ist.

Nun müssen wir jedoch zuerst verstehen, dass dieses 'ICH', indem sich unsere göttliche Natur in menschlicher Form vervielfältigt hat, auch seinen eigenen Schatten schuf, das Ego, das versucht, sich unseres Bewusstseins zu bemächtigen, indem es uns vorgaukelt, Quelle, Zentrum und Ziel unserer Welt zu sein.

Nur indem wir diese zweifache Natur erkennen, das illusionäre Selbst und das wahre Selbst, das die Quelle unseres Seins ist, können wir auf dem Weg der Meisterung und des bewussten Erschaffens voranschreiten. Andernfalls replizieren wir lediglich unsere eigene Verwirrung in der Welt und sorgen dafür, dass wir zurückkehren müssen, um die Konsequenzen unserer fehlgeleiteten Gedanken und Handlungen zu erfahren - und jeder Gedanke ist eine Handlung.

Um dies deutlicher zu machen, stell dir vor, du sitzt in einem Filmtheater. Du siehst einen spannenden Film, voll mit Action, Liebesszenen und Abenteuer. Drehbuch, Regie und schauspielerische Leistung sind so gut, dass du dich in die Geschichte hineingezogen findest. Du vergisst, dass du in einem Filmtheater sitzt und wirst zum lebendigen Schauspiel. Nun entwickelt sich die Geschichte nicht so, wie du es gern hättest. Sie wird so unangenehm, dass du tief durchatmest und dich umschaust, wie du entkommen kannst. Da wird dir bewusst, dass du nur in einem Filmtheater bist und eine erfundene Geschichte siehst. Du drehst dich um und siehst das Licht aus dem Projektor im Hintergrund über dich hinweg scheinen, und leise seufzt du auf in Erleichterung, denn du realisierst, dass du nur digitale Bilder aus Licht sahst, die sich auf der Leinwand vor dir bewegten. Du erinnerst dich, wer du bist und dass du nicht Teil dieses Dramas bist, dass du ein eigenständiges Individuum bist und nur hineingezogen wurdest in etwas, das nicht real ist, verleitet durch deine Aufmerksamkeit.

Indem du mit deiner Atmung, dem Heben und Senken deiner Brust in Fühlung bleibst und dir des Lichtes in der Herzgegend, wo deine Seele verankert ist, bewusst bist, kannst du gleichzeitig den Film wahrnehmen und die Lehren aus ihm ziehen, die er für dich bereithält, und gewahr bleiben, dass du das nicht *bist*. Du bist das lebendige Licht, das Licht, das Leben schenkt und die Wirklichkeit erleuchtet, immer dort, wohin deine Aufmerksamkeit fließt.

Du bist zu der Einsicht erwacht, dass du nicht diese Geschichte bist. Aber, wie steht es mit *deiner* Geschichte? Was ist mit dem Drama deines eigenen Lebens, deinem eigenen Film? Bist du in dieser Illusion aufgewacht? Kannst du diesen Film wahrnehmen in dem Wissen, dass du das nicht bist, dass dein tägliches Leben nur eine Reihe von Gedanken, Gefühlen und Bildern ist, die durch den Schein deines eigenen inneren Lichtes relative Wirklichkeit erlangen? Wenn du dein wahres Wesen erkannt hast, dann kannst du bewusst erschaffen, ohne die negativen Rückstände zu erzeugen, die man Karma nennt.

Hier kommt die Meditation ins Spiel. Meditation heißt in die Mitte gehen, in das Zentrum deines Seins, wo du in dieses

Licht hineinschaust und sich vor dir die Schatten offenbaren, von denen du dachtest, sie seien real, und die du nun auflösen kannst.

Du siehst die beiden 'ICH'e, das Ego, das sich mit dem Traum-Körper identifiziert, mehr oder weniger selbstsüchtig und unbewusst in deinem Film agierend, in der Rolle, die ihm als Ergebnis aus den Handlungen in vergangenen Leben auferlegt ist; und du siehst das andere 'ICH', das freie, grenzenlose Licht, welches das Bewusstsein deines Wahren Selbst ist.

Das Wunder dieses Paradoxons liegt darin, dass das eine das andere nicht notwendig ausschließt. Du kannst dir des wahren Selbst, des vollkommenen 'ICH' bewusst sein und trotzdem deine Rolle in dem Film deines Lebens, die Ego-Rolle des relativen 'ICH' spielen, gleichsam wie ein Schauspieler ein Kostüm trägt.

In dieser Art Bewusstsein bist du in der Welt, aber nicht von der Welt. Du bist ein gewöhnliches Geschöpf unter anderen gewöhnlichen Geschöpfen, nur dass du dir bewusst bist, wer du bist und nicht länger durch Unwissenheit, Zweifel und Selbstsucht angetrieben wirst. Wenn du dir deines wahren Selbst gewahr bist, siehst du, dass diese negativen Eigenschaften des illusionären Selbst nur zu Unfreiheit, Begrenztheit und Leid führen, während die Identifikation mit dem wahren Selbst zu Weisheit, Mitgefühl, Glückseligkeit und erleuchtetem Handeln führt.

Indem du stets deinen Fokus zurückführst auf die Mitte deines Seins, löst sich die Täuschung des niederen Selbst allmählich auf und es gibt nur das 'ICH'. Es gibt nur den einen ungebrochenen Bewusstseins-Strom. So wie du mit jemandem im Gespräch sein kannst und gleichzeitig den Wind in den Bäumen hörst und eine Wolke über das Antlitz der Sonne ziehen siehst, so kannst du auch deiner begrenzten und unbegrenzten Anlagen gleichzeitig gewahr sein. Sobald du in diesem Bewusstsein bist, befindest du dich auf dem Pfad der Selbstbemeisterung und kannst die Aufgabe eines Bodhisattva erfüllen in barmherzigem Dienst an Anderen.

Das Geheimnis von Affirmationen

Um erfolgreich zu sein als Meister, müssen wir die Illusion eines abgetrennten Selbst, bezeichnet als Ego, durchtrennen und zurückkehren zu dem Bewusstsein der Quelle, zum ICH BIN DER ICH BIN, dem Göttlichen Selbst. In diesem Einssein gibt es keine Trennung zwischen Gedanke und Wirklichkeit, zwischen Energie und Materie. Du bist eins mit Allem und alles ist ein Teil von dir. Das bedeutet, deine Gedanken verwirklichen sich augenblicklich. Das einzige Hindernis in dieser Verwirklichung sind eine gewohnheitsmäßige Grundannahme von Begrenztheit und zurückliegende, vor der Geburt von dir gegebene Einwilligungen, in verschiedenen Lebenslagen die Illusion von Begrenztheit zu durchleben, um daraus entsprechende Lehren zu ziehen.

Die Absicht dieses Buches ist es, eine einfache und kraftvolle Anleitung zu geben, die dich befähigt, die Bestimmung deines Daseins zu erkennen und die gewohnheitsmäßige Identifikation mit dem niederen Selbst zu durchbrechen, und durch die Meditation auf machtvolle Affirmationen den Wandel zu vollziehen, das Höhere Selbst in Gedanke, Wort und Tat zu sein.

Worauf du deine Aufmerksamkeit richtest, zu dem wirst du. Wie du denkst und fühlst, so ist es. Wo dein Begehren ist, dort ist dein Herz und dort bist du. Dieses Gesetz der Aufmerksamkeit ist das ewige Gesetz der Schöpfung, durch das alles, was ist, in die Existenz gekommen ist, dasselbe

Gesetz, durch das alles, was werden soll, erschaffen wird. Durch dieses Gesetz kannst auch du erschaffen.

Im dem Moment, da du einen Gedanken denkst, hast du eine Form in die Existenz gebracht; und je mehr Gedanken, Gefühle und Liebe du in die Form gibst, die du visualisiert hast, desto wirklicher wird sie, bis sich diese Gedankenform schließlich in der menschlichen Welt niederschlägt. In dieser Weise erschaffen die Meister, und in dieser Weise erschaffst du, auch wenn du es unbewusst tust.

So wie Jesus sagte, "Im Anfang war das Wort, und das Wort war bei Gott, und Gott war das Wort", so ist es mit jeder Schöpfung; indem das Wort ausgesprochen wird, gedacht wird und gefühlt wird, ist es schöpferisch. Dieses Wort ist ICH BIN. Mit der Wortverbindung ICH BIN rufst du dein Gott-Selbst hervor, auf der Stelle.

Das ist das Geheimnis von Affirmationen. Was du mit deinem Geist denkst, was du mit deinem Herzen fühlst, und was du mit deinen Worten sagst, das bringst du hervor in der Welt. Der Schlüssel jedoch ist, mit Liebe zu sprechen. Denke oder spreche die Affirmationen mit Liebe, denn die Liebe ist die Mutter, die deine Intentionen nährt und sie gebiert. Alles, was in die Existenz kommt, kommt aus dieser Liebe und diese Liebe ist die Substanz, die in der großen inneren Stille gefunden wird.

Das bedeutet, dass das, was du zu erschaffen wünschst, was du zu sein wünschst, von einem Ort der Hingabe an das Göttliche kommen muss, vom Höheren Selbst, und nicht durch eine Behauptung des Ego, des 'ich', der Persönlichkeit des niederen Selbst, das unzählige Wünsche hat, zu erschaffen, was es begehrt. Alles was durch dieses Selbst geschaffen wird, führt nur zu materiellen Dingen und zu Unfreiheit. Um Zufriedenheit und Freiheit zu erschaffen, muss jede Handlung aus der Hingabe an das Höhere Selbst kommen und eine Hingabe an das Höhere Selbst, das ICH BIN sein. Hier sollte eine Affirmation ihren Ursprung haben und ihr gestattet werden, sich ins Sein zu ergießen. Auf diesem Weg ist jede Handlung der schöpferische göttliche Wille, der durch dich hindurchfließt und den du bejahst und durch deine Worte in die Existenz bringst. Dies ist das Wort Gottes in Aktion – das göttliche Gesetz, das sich manifestieren muss.

Um diesen Ort der Hingabe erreichen zu können, muss das Ego, der Verstand, die Emotionen und die Persönlichkeit zur Ruhe gebracht werden und dem Höheren Selbst, dem großen ICH BIN unterstellt werden. Dies wird durch Meditation vollbracht. Eine der einfachsten und wirkungsvollsten Methoden der Meditation ist es, ein Licht in der Mitte deiner Brust zu visualisieren und zu fühlen. Fühle die Liebe und Wärme dieses Lichtes und wie es sich ausdehnt, wie Strahlen einer inneren Sonne. Dann, ausströmend aus der Mitte dieser Sonne, kommt der große Oberbefehl „ICH BIN", aus dem jede schöpferische Handlung hervorfließt.

Um das niedere Selbst zum Schweigen zu bringen, kannst du eine einfache Meditation anwenden, und deine Atmung beobachten. Diese Technik benutzte Buddha um Erleuchtung zu erlangen. Sie ist kraftvoll und effektiv und so einfach, dass jedes Kind sie mit ein wenig Praxis anzuwenden vermag. Fühle einfach den Vorgang deiner Atmung. Richte deine Aufmerksamkeit auf die Wahrnehmung, wie sich deine Brust hebt und senkt im natürlichen Rhythmus des Ein- und Ausatmens. Kontrolliere die Atmung nicht; beobachte nur das Einatmen und das Ausatmen. Wenn dein Geist abschweift, benenne es mit 'denken' und kehre zurück zum Ausdehnen und Senken deines Brustkorbs. Lass deine Augen ganz leicht geöffnet und richte deinen Blick auf den Boden. Dein Rückgrat ist gerade und die Zunge liegt am Gaumen an, so ist der Kreislauf von bio-elektrischer Energie, die durch das feinsinnige Nervensystem fließt, geschlossen. Die Hände können in der Buddha-Pose gehalten werden, bei der die Handinnenflächen nach oben gerichtet sind und eine Hand in die andere gebettet wird, wobei sich die Daumen fast berühren. Du kannst die Handflächen aber auch auf die Knie legen, wobei sich Zeigefinger und Daumen berühren.

Wichtig hierbei ist deine Aufmerksamkeit. Der Atem ist wie ein Mantra, das man nicht vergessen kann, er ist in dir dein Leben lang, seit deiner Geburt; dieses Mantra kannst du nun zur Erleuchtung verwenden. Dies ist die einfachste Meditation der Welt, die Schwierigkeit jedoch liegt darin, sie mit ungeteilter Aufmerksamkeit zu tun, denn unser Geist ist wie ein streunender Hundewelpe, er will seinen eigenen Weg gehen, er rennt mal hierhin, dann dorthin. Wenn man diesen Welpen nicht Gehorsamkeit lehrt, wird er, wenn aus ihm ein großer Hund geworden ist, dein Leben dominieren und dich von morgens bis abends auf Trapp halten. Du musst ihm zeigen, wer der Herr ist. Nimm deine Aufmerksamkeit an die Leine, ohne Ärger oder Frustration. Erinnere dich: Richte deine Aufmerksamkeit auf die Atmung, sie ist die Tür zu bewusster Selbst-Wahrnehmung.

Wenn du dies als schwierig empfindest, versuche deine Ausatmungsphasen zu zählen, von eins bis zehn und dann rückwärts von zehn bis eins. Dann wiederhole den Vorgang. Wenn dein Geist wandert, benenne diese Gedanken oder Empfindungen mit 'denken', und bringe deine Aufmerksamkeit zurück auf den Ablauf. Schon bald wirst du gewahr werden, dass dein Bewusstsein sich ausdehnt, du wirst die Wahrnehmung selbst erkennen, während du den Griff des Verstandes, der dich bisher beherrschte, lockerst. Du wirst zum Meister über deinen Geist, zum Gebieter über deine Aufmerksamkeit, und die Tür zum bewussten Erschaffen steht offen.

Sobald du deinen Geist beruhigt hast, folgt der zweite Schritt; fühle die schöpferische Gottes-Flamme im Mittelpunkt deines Seins. Diese Flamme deiner Seele ist nicht im physischen Herzen, sondern etwas rechts vom Brustbein gelegen. Du kannst sie als ein warmes, goldenes Licht fühlen, als eine Quelle ausströmender Liebe. Wenn du deine Aufmerksamkeit auf dieses Lebenszentrum gerichtet hältst, kannst du fühlen, wie es pulsiert und sich ausdehnt. Dies ist die Energie, die dein Leben lang schon versucht, dich zu führen, die versucht, dich immer in die richtige Richtung zu lenken. Nun kannst du ihr bewusster folgen und dich nach ihren Impulsen ausrichten. Diese Gegenwart, die Licht und Liebe in Eins ist, kann durch die Führung deiner bewussten Intentionen unbegrenzt ausgedehnt werden.

Das „ICH" ist die Aktivität des Vater-Feuer-elektronischen-Willens-Aspekt und das „BIN" ist die Aktivität des Mutter-Erde-magnetischen-Liebes-Aspekt. Beide Aspekte müssen zusammen wirken, um die vollständige schöpferische Kraft der zweifältigen ICH BIN Aktivität in die Manifestation zu bringen. Diese elektro-magnetische Dualität ist die Kraft, die das Universum bewegt, ist die Kraft, die die Planeten und Elektronen in ihren Umlaufbahnen hält. In gleicher Weise funktioniert auch ein Elektromotor, bei dem in einem Draht der Elektronenfluss stattfindet, während um den Draht herum ein magnetisches Feld besteht. Nur durch das Zusammenwirken beider Qualitäten des Bewusstseins dreht sich der Zylinder.

„Die fühlende Seite der menschlichen Natur ist die weibliche Aktivität des Bewusstseins in jedem Individuum. Das Denken ist die männliche Aktivität des Geistes. Ein Gedanke kann keine bewegende Kraft in der Außenwelt sein, bevor er nicht durch den Gefühlskörper fließt.
Das Gefühl verdichtet sich an der Gedankenform, der atomaren Substanz äußerer Aktivität in der Welt. Indem der Gedanke den Gefühlskörper passiert, wird er eingekleidet und existiert anschließend als ein separates lebendiges Wesen außerhalb des Geistes des Individuums."
Godfre Ray King, *Die Magische Gegenwart*

Auch Du bist eine große Bewusstseins-Maschine, die den positiven und negativen Pol der Gottes-Kraft für sich einsetzen kann, um alles in die Manifestation zu bringen. Die Tätigkeit des Verstandes oder des Willens allein erzeugt nur Widerstand. Liebe allein, ohne Wille, Vorstellung und Richtung, bleibt inaktiv. Wenn Wille und Liebe sich vereinen, kannst du Wunder schaffen. Und es ist diese Verbindung von Liebe und Wille, welche die Affirmation antreibt und Schöpfung hervorbringt.

Affirmationen besonders laut und schnell zu sprechen, ist im Allgemeinen kontraproduktiv, denn der Wille des Ego blockiert den Fluss der Liebe aus dem Herzen und bringt so den gegenteiligen Effekt. Schöpfungen kommen aus der Stille der Hingabe an das Göttliche, so wie aus der Stille des Mutterleibes. Dort in der Stille passiert es, dass Kreativität mit der Liebe, der Quelle aller schöpferischen Akte, bemächtigt wird. Es ist nicht das „ICH", noch das „BIN" alleine, sondern das „ICH BIN" im Zusammenfließen, das zu Manifestationen führt.

Bevor du zu affirmieren beginnst, was du dir wünschst, frage deine große Gott-Gegenwart im inneren und über dir, was Sie wünscht.

Lieber Gott, zeige mir, was Du willst.
Dein Wille, nicht meiner, geschehe.

Hier beginnt das Geheimnis der Affirmation; in der Hingabe an die Gott-Gegenwart. Nachdem du deinen Geist beruhigt hast und dich mit der Liebe deines Göttlichen Selbst verbunden hast, und dich dem Dienst für diese Gegenwart bereitgestellt hast, werden deine Affirmationen wirkungsvoll, denn du affirmierst nun, was dein Gott-Selbst wahrhaftig wünscht, anstatt danach zu trachten, das zu erlangen, was das Ego will.

Verwende Affirmationen als 'Ja' zum Leben, damit das hervorgebracht wird, was Gott wünscht, und deine Akzeptanz wird das zur Wirklichkeit machen. Wenn du deinen Willen mit dem Göttlichen Willen in Einklang bringst, offenbaren sich mit jeder Affirmation Ergebnisse, unverzüglich. Doch denke daran, die Wirkungen deiner Affirmationen nicht mit dem beschränkten Blick deines Ego zu beurteilen, das alles sofort auf der materiellen Ebene verwirklicht sehen will. So wie der Samenkorn, der in die Erde gelegt wird, Zeit zum Keimen und Wachsen braucht, so brauchen auch Affirmationen bisweilen Zeit, um alle ihre Merkmale in sichtbarer Form zu offenbaren. Alle Worte, die mit Vorsatz und Liebe gesprochen werden, manifestieren sich augenblicklich; sie senden Schwingungen und Energie ins Universum aus. Wie und wann sie in sichtbaren und greifbaren Ergebnissen in der dreidimensionalen Welt erscheinen, liegt in Gottes Hand.

Lass alle Verhaftungen an Ergebnisse los, denn es ist wie mit dem Samenkorn; wenn er gesät wurde in deinem Garten, lass ihn ungestört. Ihn wieder auszugraben und nachzuschauen ob er schon wächst, würde sein Wachstum verzögern oder gänzlich stoppen. Das ist der schwierige Teil; etwas in Bewegung setzen und dann die Dinge laufen lassen und warten und schauen, wie das Gottes-Bewusstsein tätig ist und wie es erschafft, in seiner eigenen Weise und Zeit. Wisse, dass Gottes Absichten sich nach Maßgabe des Planes zu unserer höchsten Entwicklung offenbaren.

Eine Affirmation verstärken

Achte darauf, dass deine Meditation vier Bestandteile hat:

1. Wort
2. Vorstellung
3. Gefühl
4. Handlung

Gebrauche alle vier zusammen, um Ergebnisse zu erzielen. Bei einigen Affirmationen kannst du eine Handgeste (Mudra) als Handlung benutzen, zum Beispiel, indem du einfach deine Handflächen nach oben öffnest, um zu empfangen, was du angerufen hast, z.B. Fülle, oder indem du eine Hand auf die Körperstelle legst, die du vervollkommnen möchtest. Die kleinste Geste kann, wenn sie bewusst ausgeführt wird, große Resultate hervorbringen.

Eine Affirmation muss nur einmal gesprochen werden, wenn sie mit vollem Bewusstsein gesprochen wird. Um sicher zu gehen, dass sie ihr volles Potential entfaltet, kann sie aber auch dreimal oder sogar sieben Mal wiederholt werden. Zusätzlich kann man die Meister anrufen, „Ich rufe die Heerscharen des Lichtes, tretet hervor und verstärkt diese Affirmation zum Höchstbesten, mit der Kraft der drei Mal drei, die ICH BIN."

Jesus
Fotografie, die der Nonne Anna Ali zugeschrieben wird,
so soll er ihr erschienen sein, als diese am 8.September 1987 Rom besuchte

Affirmationen zur Spirituellen Verwirklichung

S-1 **ICH BIN die Gegenwart Gottes.**

S-2 **ICH BIN das Lebendige Licht.**

S-3 **ICH BIN das Licht der Welt.**

S-4 **ICH BIN Liebe.**

S-5 **ICH BIN die Sonne Gottes.**
Strecke deine Arme zu beiden Seiten aus und stelle dir vor, wie das Licht aus deinen Handflächen ausstrahlt.

S-6 **ICH BIN der Lebendige Christus.**
Strecke deine Arme zu einer segnenden Geste aus.

S-7 **ICH BIN der ICH BIN DER ICH BIN.**

S-8 **ICH BIN Eins mit Allem.**

S-9 **ICH BIN mein Göttliches Bewusstsein, das nun durch mich wirkt.**

S-10 **ICH BIN das Bewusstsein, das ich in Gott besaß, bevor die Welt war.**

S-11 **ICH BIN Gottes Liebe, Weisheit und Kraft, in Tätigkeit.**

S-12   ICH BIN die Meister Gegenwart, Gott in physischer Form.

S-13   ICH BIN ein Weißes Feuerwesen aus dem Herzen der Großen Zentralsonne.

S-14   ICH BIN Glaube, Hoffnung, Barmherzigkeit, Mitgefühl, Weisheit, Verstehen, (oder jede andere Qualität), jetzt vollkommen manifestiert in meinem Leben und meiner Welt.

S-15   ICH BIN das Alpha und Omega, der Anfang und das Ende, der Erste und der Letzte, die Eine Ewige Gegenwart von allem was ist.

S-16   ICH BIN der Große Göttliche Direktor meines Lebens und meiner Welt.

S-17   ICH BIN Heilig, Rein und Vollkommen.

S-18   ICH BIN hier, ICH BIN da, ICH BIN die alleinige und überall wirkende Gegenwart.

S-19   ICH BIN die Auferstehung und das Leben.

S-20   ICH BIN der Aufstieg in das Licht.

S-21   ICH BIN die Leuchtende Gegenwart von Jesus.

S-22   ICH BIN Liebe, Liebe, Liebe.

S-23   ICH BIN Licht, Licht, Licht.

S-24 **ICH BIN Gott, Gott, Gott.**

S-25 **ICH BIN der ICH BIN DER ICH BIN.**

Meine eigenen Affirmationen:

Affirmationen zur Gottes-Herrschaft und zum Schutz

H-1 ICH BIN die Befehlende, Leitende Gegenwart, die mich durch diesen Tag führt und vollkommenen Frieden, Liebe, Weisheit und Harmonie befiehlt und den perfekten Göttlichen Plan der Aufgestiegenen Meister in allen meinen Aktivitäten.

H-2 Ich falte meine Flügel in völliger Gelassenheit und verweile in der Weisheit meiner ICH BIN Gegenwart, unberührt von äußeren menschlichen Schöpfungen.

H-3 ICH BIN Eins mit Gott, über alle menschliche Schöpfung erhaben.

H-4 ICH BIN Unüberwindbar Geschützt.

H-5 ICH BIN meine Unbesiegbare Lichtsäule, die mich vollständig umhüllt, jetzt und für immer aufrechterhalten.

H-6 ICH BIN der Kristallene Mantel des Mächtigen Victory.

H-7 ICH BIN, trete hervor und übernehme die vollständige Kontrolle hier!

H-8 Im Namen der Liebe, Weisheit und Kraft der Gegenwart Gottes, die ICH BIN, sage ich zu allen menschlichen Schöpfungen, ihr habt keine Macht über mich.

H-9   ICH BIN die Große Weiße Bruderschaft hier in Aktion.

H-10   Das Licht Gottes Versagt Nie! Das Licht Gottes Versagt Nie! Das Licht Gottes Versagt Nie, und ICH BIN das Licht!

H-11   ICH BIN Gott in Tätigkeit hier.

H-12   ICH BIN die Meister Gegenwart in Tätigkeit hier.

H-13   ICH BIN die Gegenwart Gottes, die alles auflöst und verzehrt, was weniger als Vollkommenheit ist.

H-14   ICH BIN die Wunder Wirkende Gegenwart, die über diese Situation die vollständige Kontrolle übernimmt und hier (dort) den Perfekten Göttlichen Plan hervorbringt.

H-15   ICH BIN die Bewusste Tätigkeit und Lenkende Macht des Kosmischen Christus.

H-16   ICH BIN Freunde der Aufgestiegenen Meister und Aufgestiegene Meister selbst, erhebt euch vor mir und um mich herum und bringt den Perfekten Göttlichen Plan in allen Aktivitäten hervor.

H-17   ICH BIN die offene Tür, die niemand schließen kann.

H-18   ICH BIN das Lebendige Licht, das mir voran geht.

H-19 **ICH BIN der Unbesiegbare und Vollständige Schutz über diesem Auto, (Haus, Gebäude, Land, Tätigkeit, etc.), jetzt und für immer aufrechterhalten durch die Vollmacht, Aktivität und Herrschaft Gottes.**

H-20 **ICH BIN die Gegenwart des Mächtigen Prinzen Astrea, der diesen Ort (Person, Situation, etc.) von allen psychischen Einflüssen reinigt.**

H-21 **ICH BIN der Unbesiegbare und Vollständige Schutz über meinem Haus und meinem Eigentum, für jetzt und immer aufrechterhalten.**

H-22 **ICH BIN Beschützt durch die Große Weiße Bruderschaft, jetzt und für immer.**

Meine eigenen Affirmationen:

Affirmationen zur Führung

F-1   ICH BIN die Gegenwart, die mich lenkt, wohin ich gehen soll, die mich lenkt, in allem was ich tue.

F-2   ICH BIN die Erleuchtende Gegenwart, die mir den Göttlichen Plan enthüllt, hier und jetzt (in dieser Angelegenheit).

F-3   ICH BIN die ICH BIN Gegenwart und die Aufgestiegene Heerschar des Lichtes, die alles auflöst und verzehrt, was meiner Inneren Führung widersprechen könnte und die mich hier und augenblicklich auf den richtigen Weg bringt. ICH BIN die Gegenwart, die darüber wacht, dass ich das tue, was ich bestimmt bin zu tun.

F-4   ICH BIN die Gegenwart Gottes, die dieses Auto fährt (dieses Flugzeug fliegt, diesen Rechner bedient, etc.).

F-5   ICH BIN frei von dem Verlangen, an Orte zu gehen, die nicht in Übereinstimmung mit meiner ICH BIN Gegenwart sind, ICH BIN erfüllt von dem Verlangen und dem Gefühl, dorthin zu gehen, wohin ich gehen soll und ich gehe dorthin in Vollständiger Göttlicher Ordnung.

F-6   ICH BIN die Vollkommene Einsicht in den Göttlichen Plan jetzt, in dieser Situation und ich gebe meinen vollkommenen Beitrag.

F-7   **ICH BIN die Große Weiße Bruderschaft, die mich führt in diesem Augenblick, die alle Türen öffnet und alle Widrigkeiten auf meinem Weg auflöst, im Namen der Gott Gegenwart, die ICH BIN.**

Meine eigenen Affirmationen:

Affirmationen zu Wohlstand und Fülle

W-1 ICH BIN der Überfluss Gottes.

W-2 ICH BIN der Reichtum Gottes, der nun in meinen Händen greifbar wird, zu meiner Verwendung, und ICH BIN seine Vollkommene Verwendung zur Erfüllung des Göttlichen Planes.

W-3 ICH BIN der Grenzenlose Reichtum der Schöpfung, der nun für alle Menschen auf der Erde hervorgebracht wird.

W-4 ICH BIN der Große Göttliche Direktor meiner Geschäfte und meiner Finanzen.

W-5 ICH BIN Freunde der Aufgestiegenen Meister, tretet in Erscheinung, vor mir und mich herum, und helft mir in allen meinen geschäftlichen und finanziellen Belangen und seht, dass ich unter Göttlicher Führung für das Höchst Gute handle, zu allen Zeiten.

W-6 ICH BIN tätig für die Große Weiße Bruderschaft im Dienste der Menschheit und ICH BIN in dieser Arbeit Vollkommen Unterstützt und mit Fülle Gesegnet.

W-7 ICH BIN die Gegenwart, die mir zeigt, wie ich Geldfluss in Fülle erzeuge, hier und jetzt, und ich handle danach.

W-8   **ICH BIN die Erleuchtende Offenbarende Gegenwart, die mir die Wahrheit in allen finanziellen Geschäften, Angeboten und Verträgen zeigt und mich davor schützt, falsche Entscheidungen zu treffen, und die dafür sorgt, dass ich nur Abschlüsse unter Göttlicher Führung tätige.**

W-9   **ICH BIN die Gegenwart, die mich davor bewahrt, Verträge zu unterzeichnen oder Vereinbarungen einzugehen, die nicht dem Göttlichen Plan entsprechen.**

W-10   **ICH BIN die Augenblickliche Verwirklichung und Manifestation des Geldes, das ich benötige, jetzt greifbar in meinen Händen und auf meinem Bankkonto.**

W-11   **ICH BIN die Gegenwart, die Augenblicklich die Umstände, Güter und Mittel hervorbringt, die ich benötige.**

Meine eigenen Affirmationen:

Affirmationen zur Gesundheit

G-1   ICH BIN meine Vollkommene Gesundheit, jetzt vollständig offenbart.

G-2   ICH BIN die Vollkommene Harmonie in meinem Geist, meinem Körper und meinen Gefühlen.

G-3   ICH BIN die Auferstehung und das Leben in jeder Zelle meines Körpers.

G-4   ICH BIN das Lebendige Licht, das durch jede Zelle, jedes Organ, jeden Nerv, jeden Knochen und jede Faser meines Körpers fließt und alles in vollkommener Gesundheit und Wohlsein erhält.
Streiche deine Hände über deinen Kopf, Gesicht, Arme, Körper, Beine und Füße, bis zu den Zehen, und sage zu dir: „Dies ist der perfekte Körper Gottes."

G-5   ICH BIN die Gegenwart, die jede Zelle meines Seins mit der Harmonie des Göttlichen Lichtes durchflutet.

G-6   ICH BIN meine Vollkommene Gesundheit, jetzt und für immer aufrechterhalten.

G-7   ICH BIN Heilig, Rein und Vollkommen.

G-8   ICH BIN der Große Göttliche Direktor meiner Ernährung, der mir zeigt, was ich essen soll, und dafür sorgt, dass ich dem folge.

G-9   ICH BIN frei von allem Verlangen nach Dingen, die ich nicht essen sollte und erfüllt von dem Verlangen, nur das zu essen und zu trinken, was meine Gesundheit erhält.

G-10   ICH BIN die Gegenwart, die mich zu den perfekten Lebensmitteln, Ergänzungsmitteln und Substanzen führt, die meine Vollkommene Gesundheit und Vitalität gewährleisten und für immer aufrecht erhalten.

G-11   ICH BIN Unbesiegbar Geschützt vor allen Substanzen, die schädlich für mich sein könnten.

G-12   ICH BIN die Auferstehung und das Leben aller meiner Zellen (oder jegliches Organ, System etc.).

G-13   ICH BIN die Gegenwart, die mir den besten aller Ärzte oder Heilpraktiker zuführt, der mir zu meiner Heilung verhilft.

G-14   ICH BIN Gott in Aktion in diesem Arzt (Heilpraktiker, Krankenhaus), und er sorgt dafür, dass für mich genau das richtige getan wird.

G-15   ICH BIN die Große Weiße Bruderschaft, die über meine vollständige Gesundheit wacht, so dass ich ein hilfreicher Beitrag in der Erfüllung des Göttlichen Planes bin.

G-16   ICH BIN Unbesiegbar Geschützt vor allem, was weniger als Vollkommenheit ist.

G-17   ICH BIN die Heilende Gegenwart Gottes, die jeden heilt, der mit mir in Berührung kommt, an mich denkt oder nur meinen Namen ausspricht.

G-18   ICH BIN der Medizin Buddha in Aktion, der Heilung ausstrahlt, wo immer sie gebraucht wird.

G-19   ICH BIN der Heilende Christus in Aktion, der alle heilt, die zu mir kommen.

G-20   ICH BIN die Auferstehung und das Leben meiner Verdauung.
        Halte die linke Hand seitlich ausgestreckt mit der Handfläche nach oben und visualisiere, wie ein Lichtstrahl von der ICH BIN Gegenwart von oben herunter in die Hand fließt. Die Energie fließt durch deinen Körper in die rechte Hand, die du auf den Bauch legst und neun Mal im Uhrzeigersinn kreisen lässt, (Uhrzeigersinn aus der Perspektive von außen). Fühle die heilende Energie.

Meine eigenen Affirmationen:

Affirmationen zur Partnerschaft

P-1   **ICH BIN die Gegenwart, die mich befähigt, Gott in allen Menschen zu sehen, zu jeder Zeit.**

P-2   **ICH BIN die Gegenwart, die mich vor jenen Menschen schützt, mit denen ich nicht in Beziehung treten sollte.**

P-3   **ICH BIN die Gegenwart, die mir die Bestimmung dieser Verbindung enthüllt und dafür sorgt, dass ich nur das Richtige tue, gemäß dem Göttlichen Plan.**

P-4   **ICH BIN Unbesiegbar Geschützt vor jeder Beziehung oder Verbindung, die nicht unter göttlicher Führung steht.**

P-5   **ICH BIN die Liebe Gottes, die dir zufließt.**

P-6   **ICH BIN die Liebe, Weisheit und Führung Gottes in unserer Beziehung.**

P-7   **ICH BIN die Gegenwart Gottes und du bist die Gegenwart Gottes und wir sind die Gegenwart Gottes gemeinsam in Liebe und Harmonie.**
      Visualisiere deinen Partner als Göttliches Wesen (Meister), der in dein Leben getreten ist, um dich zu lehren, zu segnen und zu nähren.

P-8 ICH BIN die Gegenwart, die mir zeigt, wie ich unsere Beziehung vervollkommnen kann.

P-9 ICH BIN die Gegenwart, die mich zu einem mitfühlenden und liebenden Menschen macht, zu jeder Zeit und unter allen Umständen.

P-10 ICH BIN frei von aller Beurteilung, Verachtung und Groll gegen mich oder andere.

P-11 ICH BIN die Erleuchtende Offenbarende Gegenwart Gottes, die uns zeigt, woran wir arbeiten sollen, und die alle Wunden und ungelösten emotionalen Probleme heilt, wo immer sie auch herrühren, und die uns gesund, vollständig und liebevoll macht, für immer.

P-12 ICH BIN die Gegenwart, die mich anderen gegenüber so handeln lässt, wie ich von ihnen behandelt werden möchte.

P-13 ICH BIN Außerstande, meinen Partner durch Worte oder Taten zu verletzen und handle mit Liebe und Mitgefühl zu jeder Zeit, denn ICH BIN mir Gewahr, dass mein Partner ein Teil von mir ist.

P-14 ICH BIN die Treue der Gegenwart Gottes in dieser Beziehung, denn nur in der Freiheit Dieser Gegenwart kann echte Liebe bestehen.

P-15 ICH BIN die Gegenwart, die mir zeigt, ob diese Beziehung sein sollte, und wenn nicht, rufe ich die

Heerscharen des Lichtes an, die Kontrolle hier zu übernehmen und den Vollkommenen Göttlichen Plan für jeden von uns hervorzubringen, in Liebe und Harmonie.

Meine eigenen Affirmationen:

Affirmationen zur Elternschaft

E-1   **ICH BIN der Vollkommene Elternteil.**

E-2   **ICH BIN die Erleuchtende Offenbarende Gegenwart, die mir alles zeigt, was ich über mein Kind wissen muss und was ich zu tun habe, um den Göttlichen Plan für _____ hervorzubringen, in jedem Augenblick.**

E-3   **ICH BIN die Gegenwart, die mich mit meinem Kind in Liebe, Weisheit, Verständnis und Mitgefühl kommunizieren lässt, in jedem Augenblick.**

E-4   **ICH BIN, trete hervor und übernehme die vollständige Kontrolle über diese Situation!**

E-5   **Geliebte Aufgestiegene Meister, dies ist euer Kind, bitte bringt also euren Göttlichen Plan für _____ hervor.**

E-6   **ICH BIN der Große Göttliche Direktor dieses Kindes.**

E-7   **ICH BIN die Große Weiße Bruderschaft, die mein Kind beschützt an diesem Tag und sieht, dass _____ mit allem versorgt wird, was nötig ist.**
Visualisiere die Meister und Engel in einem Kreis über deinem Kind, wie sie schützendes Licht auf sie oder ihn herunter senden.

E-8   ICH BIN die Gegenwart, die mir zeigt, wie Elternschaft ein Weg zu meiner eigenen Meisterschaft ist.

E-9   ICH BIN die Gegenwart, die meine Probleme mit meinen Eltern klärt, so dass ich sie nicht auf meine Kinder projiziere.

E-10   ICH BIN Gott die Mutter. ICH BIN Gott der Vater. ICH BIN der Segen Gottes für dieses Kind.

E-11   ICH BIN hier, ICH BIN dort, ICH BIN der Göttliche Segen meiner Kinder und aller Kinder, überall.

Meine eigenen Affirmationen:

Affirmationen zur Verzehrenden Violetten Flamme

V-1 **ICH BIN die Verzehrende Violette Flamme in Aktion hier (in dieser Situation, Zustand, etc.).**

Die Farbe Violett ist die stärkste reinigende und spirituell erhebende Qualität des Lichtes und untersteht der Leitung des Aufgestiegenen Meisters Saint Germain. Visualisiere wie sie in, durch und um dich oder eine andere Person, einen Ort oder einen Zustand lodert, oder was auch immer du zu reinigen und in einen höheren Lebensausdruck zu erheben wünschst. Die Flamme wird auch durch das Gefühl der Vergebung in Aktion gerufen.

V-2 **ICH BIN die Verzehrende Violette Flamme, die in, durch und um mich lodert (oder die Situation, Zustand, etc.) und alles auflöst und umwandelt, was weniger als Vollkommenheit ist, mit der Macht Gottes, die ICH BIN.**

V-3 **ICH BIN die Violette Flamme der Vergebung, die alle Zwietracht und Unwahrheit zwischen _____ und mir auflöst und umwandelt und alles wieder in vollkommene Göttliche Liebe, Harmonie und Ordnung bringt.**

V-4 **ICH BIN die Gegenwart von Saint Germain, ICH BIN die Verzehrende Violette Flamme. (3x)**

V-5 **ICH BIN die Gegenwart der Engel der Verzehrenden Violetten Flamme, die jetzt hier (dort) hervortreten.**

V-6   **ICH BIN die Reinheit von Saint Germain, eingehüllt in die Violette Flamme.**
Visualisiere dich in einer Lichtsäule aus violettem Licht stehend, die dich einen Meter weit umgibt und vom Mittelpunkt der Erde aufsteigt in die ICH BIN Gegenwart über dir.

V-7   **ICH BIN die Gegenwart von Saint Germain, die diesen Ort zu einem Brennpunkt der Verzehrenden Violetten Flamme macht und für immer aufrechterhält, dass alle, die an diesen Ort kommen, gereinigt werden mögen.**

Meine eigenen Affirmationen:

Affirmationen zur Steigerung der Kreativität

K-1   ICH BIN die Schöpferkraft Gottes in Aktion.

K-2   ICH BIN Inspiriert hervorzubringen, was immer Gott wünscht, zum Wohle meines Nächsten.

K-3   ICH BIN die Erleuchtende Offenbarende Gegenwart, die mir zeigt, wie ich Gottes Vollkommenen Plan in diesem Projekt verwirkliche.

K-4   ICH BIN Inspiriert, die Vollkommene Kunst (Literatur, Erfindung, etc.) zu schaffen, gerade jetzt in diesem Augenblick.

K-5   ICH BIN die Große Weiße Bruderschaft in Tätigkeit und bringe jetzt das hervor, was hervorgebracht werden soll.

K-6   ICH BIN die Gegenwart, die mir zeigt, was ich zu tun habe und ich tue es in Vollkommener Weise.

K-7   ICH BIN Eins mit dem Bewusstsein Gottes und ICH BIN die Offenbarung meines schöpferischen Potentials.

K-8   ICH BIN das Bewusstsein, das mich in meinem Höheren Körper in die Retreats der Aufgestiegenen Meister führt, wo ich mit den Meistern harmonisch zusammenarbeite, um all das hervorzubringen, was der Menschheit dient.

K-9   **ICH BIN Gott in Aktion und bringe das hervor, was dem Wohle der Menschheit dient.**

Meine eigenen Affirmationen:

Affirmationen für andere Zwecke

A-1   ICH BIN die Gegenwart, die mich durch diesen Laden führt und ICH BIN nur von Dingen angezogen, die mir bestimmt sind und ich widerstehe und ignoriere alles andere.

A-2   ICH BIN die Gegenwart, die mir zeigt, welches Gericht auf dieser Speisekarte ich bestellen soll und ich bestelle es und werde von nichts anderem angezogen.

A-3   ICH BIN der Große Göttliche Direktor meines Computers, Telefons und aller meiner anderen elektronischen Geräte.

A-4   ICH BIN die Auferstehung und das Leben meines Autos, das zu allen Zeiten vollkommen intakt ist. Jedes Atom meines Autos ist das Bewusstsein Gottes in Aktion.

A-5   ICH BIN der Unbesiegbare und zu allen Zeiten vollkommen aufrechterhaltene Schutz meines Computers, seines Betriebssystems, seiner Programme, Laufwerke und Daten, und ICH BIN behütet vor Überwachung, Strahlung, Störungen oder Angriffen jeglicher Art, bei der Macht Gottes, die ICH BIN. So sei es und es ist getan und ich danke Dir.

A-6   ICH BIN der Große Göttliche Direktor aller Regierungen der Erde.

A-7   ICH BIN der Große Göttliche Direktor aller Militärischen und Polizei-Gewalten auf der Erde.

A-8   ICH BIN die Gegenwart von Saint Germain, der Göttin der Gerechtigkeit und der Herren des Karma, die jetzt durch alle Gerichte, Behörden und Justizsysteme aktiv werden und alles in Harmonie mit dem Göttlichen Plan der Aufgestiegenen Meister bringen.

A-9   ICH BIN der Große Göttliche Direktor aller Gefängnisse und Verwahrungsanstalten und die Freiheit all jener, die dort zu Unrecht sind, jetzt in diesem Augenblick.

A-10   ICH BIN der Große Göttliche Direktor der Weltwirtschaft und des internationalen Bankensystems und der Göttlichen Fülle für alle Menschen.

A-11   ICH BIN Gegenwart der Göttlichen Gerechtigkeit, trete hervor und wirke in jedem Gerichtsverfahren und jedem Gesetzes-Akt, jetzt.

A-12   ICH BIN die Erleuchtende Offenbarende Gegenwart, die mir zeigt, woran ich bei mir und an mir arbeiten soll und die alle Wunden heilt, besonders jene, die mir nicht bewusst sind.

A-13   **ICH BIN die Gegenwart, die mich in jedem Moment des Lebens lehrt.**

A-14   **ICH BIN mein Wachstum in Selbstbemeisterung.**

A-15   **ICH BIN die Gegenwart, die alles von mir nimmt, auflöst und wandelt, was weniger als Vollkommenheit ist, für immer aufrechterhalten.**

A-16   **ICH BIN die Gegenwart, die mich formt, so dass es nicht durch andere geschehen muss.**

Meine eigenen Affirmationen:

Affirmationen zur Hilfe durch bestimmte Meister

M-1 **ICH BIN die Gegenwart des Aufgestiegenen Meisters Saint Germain, die jetzt tätig wird.**

Saint Germain ist der Schirmherr des New Age, des Neuen Zeitalters, das im Zeichen der Freiheit und Erleuchtung steht. Er hat die „ICH BIN"-Lehren hervorgebracht, in Fortsetzung der uralten Weisheit. Er wirkt auch durch Regierungen, Militärische Angelegenheiten und arbeitet an der Errichtung einer freien Gesellschaft.

M-2 **ICH BIN die Gegenwart von Erzengel Michael.**

Erzengel Michael sorgt dafür, dass unverkörperte erdgebundene Entitäten aus der unmittelbaren Erdatmosphäre an Orte gebracht werden, wo sie ihre Entwicklung fortsetzen können. Er ist im Besitz des Schwertes der Blauen Flamme und Befehlshaber der Engel des Blauen Blitzes. Rufe ihn nur an, nachdem du die Verzehrende Violette Flamme benutzt hast, da seine Aktivität sehr starke Wirkung und daher dramatische und erschütternde Folgen haben kann.

M-3 **ICH BIN die Gegenwart des Mächtigen Victory.**

Von dem Kosmischen Wesen Victory heißt es, dass es niemals einen Fehlschlag erlitten hat. Rufe ihn an, wenn du Stärke, Mut und Energie brauchst, um Hindernisse jeder Art zu überwinden. Stehe mit erhobener rechter Hand und visualisiere dich in seiner Gestalt als großen Meister des goldenen Lichtes, gekleidet in eine goldene Robe, mit erhobenem Lichtschwert.

M-4 **ICH BIN die Gegenwart des Mächtigen Prinzen Astrea, der alle psychischen Störungen klärt und alle astralen Entitäten von _____ hinwegnimmt und auflöst.**

Die Astralebene ist der Bereich in Erdnähe, der angereichert ist mit Massen-Gedanken und Gefühls-Rückständen; sie ist auch als Reich des Übersinnlichen bekannt und von hier empfangen sensitive Menschen oft Entitäten, Energien und Gedankenformen, die sie irrtümlich für höhere Führung halten. Davon zu unterscheiden ist das Licht, das jedem Individuum verfügbar ist, das gewillt ist, an sich zu arbeiten, und welches von der ICH BIN Gegenwart oder von Aufgestiegenen Meistern kommt.

M-5   **ICH BIN die Göttin des Lichtes in Aktion.**
Spricht für sich selbst. Rufe sie an, wenn du mehr Licht erhalten möchtest. Saint Germain berichtet, dass sie bei einer Reinigung der Astralebene über New York City so viel Licht generierte, dass selbst er sie kaum noch erkennen konnte.

M-6   **ICH BIN Quan Yin, die mich mit Barmherzigkeit erfüllt, ICH BIN hilfreich, wo immer ich gebraucht werde.**

M-7   **ICH BIN Mutter Maria im Herzen der Welt.**

M-8   **ICH BIN die Gegenwart der Meisterin Nada.**
Dieses große Wesen war einst in früheren Zivilisationen dafür verantwortlich, diese zur Blüte zu bringen. In der griechischen Antike war sie als Göttin Athene bekannt.

M-9   **ICH BIN Vertrauen, Hoffnung und Wohltätigkeit.**
Ursprünglich war Wohltätigkeit nicht darauf beschränkt, Armen zu helfen, sondern war gleichbedeutend mit liebender Fürsorge, ja bedingungsloser Liebe. Vertrauen heißt nicht blindes Vertrauen, sondern entsteht durch die Überzeugung aus dem Wissen der Wahrheit. Hoffnung ist keine passive Qualität, sondern die Stärke der Erwartung und des Anspruchs, in jedem Fall erfolgreich zu sein.

M-10 **ICH BIN die Gegenwart der Anmut.**

Im antiken Griechenland waren die traditionellen weiblichen Eigenschaften in einer aufgeklärten Gesellschaft durch die Drei Grazien personifiziert, die häufig in der Kunst dargestellt wurden, obgleich ihre Anzahl noch umfassender ist und Eigenschaften wie Anmut, Glanz, Frohsinn, Festlichkeit und Jubel umfassen. Ohne sie wäre das Leben dumpf, deshalb sollten ihre Eigenschaften angerufen und kultiviert werden.

M-11 ICH BIN die Gegenwart der Berg-Gottheiten: Himalaya, Meru, Tabor und des Gottes der Schweizer Alpen.

Jeder große Berg ist ein Brennpunkt Spirituellen Bewusstseins, der seine Umgebung segnet und hilft, die Erde im Gleichgewicht zu halten. Diese vier gehören zu den bekanntesten unter den Berg-Gottheiten.

M-12 ICH BIN die Gegenwart der Meisterin Leto, die mich lehrt, bewusst in meinem Ätherkörper zu reisen.

Diese Meisterin spielt eine große Rolle in dem Buch ‚Magic Presence' von Godfre Ray King und ihre Gegenwart ist oft begleitet von dem Duft von Heidekraut.

M-13 ICH BIN die Kostbare Perle.

Rufe die Meisterin Pearl an, die unter Saint Germain dient und insbesondere Frauen hilft, in Kontakt mit der inneren ICH BIN Gegenwart zu kommen. Die Perle steht symbolisch für den Prozess, Schmerz mit Liebe zu umhüllen, und dadurch Weisheit und Mitgefühl hervorzubringen.

M-14 ICH BIN die Gegenwart der Erzengel.

Obgleich nicht viel über sie bekannt ist, nur dass sie große Wesen sind, die den Willen Gottes ausführen, können sie als Gruppe angerufen werden, um ihren machtvollen Segen für einen Ort oder eine Angelegenheit zu geben, oder einzeln; die bekanntesten Erzengel sind: Michael, Gabriel, Raphael, Chamuel, Uriel, Zadkiel und Metatron.

M-15 **ICH BIN die Gegenwart der Engelscharen des Lichtes: der Seraphim, Cherubim, Throne, Herrschaften und Mächte, Gewalten und Tugenden, Erzengel und Engel, die Harmonie und Vollkommenheit für alle Geschöpfe hervorbringen.**

Die Wesen dieser Hierarchien sind die Boten Gottes und können als Aspekte des Universellen Bewusstseins verstanden werden, die jeweilige Funktionen zur Aufrechterhaltung der Kosmischen Ordnung ausführen. Dazu gehören das Aufrechterhalten der Umlaufbahnen der Planeten, die Aufzeichnung der Geschichte in der Zeit, die Steuerung der Evolution des Bewusstseins, etc.

M-16 **ICH BIN der Segen der Elementarwesen und ich danke ihnen für ihren Dienst.**

Dies sind die Naturgeister der vier Elemente: Feuer, Luft, Erde und Wasser. Ohne sie gäbe es kein Leben auf der Erde. Sie erhalten und nähren alles Leben, und sie schätzen und brauchen unsere Dankbarkeit.

Meine eigenen Affirmationen:

Warnung

Wird eine Affirmation benutzt, um z.B. eine andere Person oder eine Situation für egoistische Interessen zu beeinflussen, wird auf lange Sicht ein negativer Effekt hervorgerufen, denn Gedanken und Energien zirkulieren und kehren zum Absender zurück in verstärkter Form. Was du jetzt erfährst, hast du in vergangenen Leben erzeugt. Nutze also Affirmationen nur,;um das zu erschaffen, was du in der Zukunft erfahren möchtest.

Saint Germain

Saint Germain ist der Aufgestiegene Meister, der als Schirmherr für das anbrechende Zeitalter der Freiheit verantwortlich ist, in welchem jeder seine Quelle, die ICH BIN Gegenwart kennen wird. Seine letzte menschliche Verkörperung war die des Sir Francis Bacon (1561-1626); er war ein geheimer Sohn von Königin Elisabeth I. und dem Earl of Leicester und rechtmäßiger Erbe des englischen Thrones. Er ist der wahre Autor der Werke, die gemeinhin William Shakespeare zugeschrieben werden, und letzter Herausgeber der King James Bibel.

Als Aufgestiegener Meister trat er erstmals Mitte des 18. Jahrhunderts an den Höfen Europas auf und bediente sich verschiedener Erscheinungsformen und Namen, stets mit der Absicht, eine Ära des Friedens, der Erleuchtung und Brüderlichkeit zu etablieren. Voltaire sagte über ihn, „Das ist der Mann, der niemals stirbt und alles weiß".

In den Tagebüchern verschiedener Hofdamen finden sich zahlreiche Schilderungen seiner Aktivitäten, die zur Französischen Revolution führten. Diese Schriftdokumente befinden sich heute in der British Library und sind umfassend ausgewertet und zitiert worden von Isabel Cooper-Oakley in ihrem Buch ‚The Count of Saint-Germain'. Rudolf Steiner zufolge gab es ein Dutzend verschiedener Individuen, die über ein ganzes Jahrhundert hinweg den Namen Saint Germain benutzten, was zu den verschiedenartigsten Berichten über seine Aufenthaltsorte und Aktivitäten führte. Er war ebenfalls maßgeblich beteiligt an der Gründung der Vereinigten Staaten von Amerika und arbeitet jetzt für die Befreiung der Menschheit.

Der Aufgestiegene Meister Saint Germain
in seiner ätherischen Erscheinungsform

Der Mensch wird Frei sein

Saint Germain spricht

Da ich bereits vorgestellt wurde, werde ich ein paar Worte darüber verlieren, in welcher Weise jeder von euch mir bei meiner Arbeit helfen kann, nämlich der Einleitung des Neuen Goldenen Zeitalters. Ihr müsst aber verstehen, dass ihr, bevor ihr mir helfen könnt, zuerst absolut frei sein müsst, denn wenn ich euch eine bestimmte Arbeit zur Ausführung gäbe und ihr dabei von einem Begehren oder einem menschlichen Wesenszug abgelenkt würdet, der nicht aus euch gereinigt wurde, dann würde das kaum gehen, oder? So seht ihr also, ihr Lieben, wie ernsthaft ich eure Freiheit wünsche, mit deren Merkmal – der Tätigkeit, Individuen zu helfen, ihre Freiheit zu erlangen – ich auf das Engste verbunden bin; damit wir als eine Große Bruderschaft freier Wesen zusammen voranschreiten können und dem Rest der Menschen der Erde Licht und Freiheit bringen. Das ist die Tätigkeit, mit der ICH befasst BIN. Wollt ihr mir nicht helfen? Ich hoffe darauf mehr als auf alles andere, dass ihr mir zu helfen wünscht, denn nur in der Weise, dass ihr ein Teil der Großen Weißen Bruderschaft werdet, werdet ihr jemals das Glück, die Freude des herrlichen Aufgestiegenen Zustandes erlangen, der eure Bestimmung ist. Da dieser Zustand der Freiheit nur für jene zugänglich ist, die rein sind – denn die Substanz, woraus er besteht, ist rein und kann keine Unreinheit enthalten – dann ist das Einzige, das ihr tun habt, aktiv zu werden und euch selbst zu reinigen; und damit, meine Lieben, meine ich: jetzt.

Und wie reinigt ihr euch selbst? Es ist so einfach; zu allererst müsst ihr den Wunsch haben, rein zu sein, denn wie ihr wisst, worauf eure Aufmerksamkeit liegt, zu dem werdet ihr; und wenn eure Aufmerksamkeit auf Reinheit liegt, habt ihr die Schlacht schon halb gewonnen. Für die übrigen fünfzig Prozent werdet ihr die Ärmel hochkrempeln müssen und euch an die Arbeit machen; prüft euch, so als würdet ihr euch bei mir für eine Militärinspektion vorstellen – und ich versichere euch, ich sehe sehr gut, und werde, wie man so sagt, euch ‚hinter die Ohren schauen'.

Ich möchte nun, dass ihr seht, dass euch Gott besser kennt, als ihr euch selbst kennt; Ihm könnt ihr nichts vormachen und mit einer aufgesetzten ‚Fassade' davonkommen, was manche von euch soweit treiben, dass sie sich selbst betrügen. Schaut euch wirklich selbst an und sagt: „Also, woran muss ich tatsächlich noch arbeiten? Welche Dinge in meiner Welt halten mich zurück? Auf welche Weise könnte ich ein stärkerer, folgsamerer, liebenswerterer und besserer Mensch sein?" Das zu tun, erfordert Mut. Liebe Freunde, wenn ihr diesen Pfad zum Sieg gehen solltet – Meisterschaft – Ewige Herrschaft über alle menschlichen Dinge, dann ist Mut etwas, wovon jeder von euch mehr braucht. Ihr braucht Mut und ihr braucht Vertrauen. Aber bevor ihr eines von beiden haben könnt, müsst ihr Hoffnung haben, denn Hoffnung ist das Fundament aller menschlichen Errungenschaften; ohne Hoffnung kann nichts Konstruktives erreicht werden. Hoffnung ist der reine Wunsch, dass das, was ihr euch wünscht, möglich ist, und dass es für *euch* möglich ist. Sie ist der Schlüssel zu Allem Guten, das je in eure Welt gekommen ist und das je in eure Welt kommen wird. Hoffnung ist das Offene Tor zum Herzen

Gottes. Hoffnung führt euch zum Vertrauen; und Vertrauen ist die Erkenntnis, dass das, was Gott euch erlaubt hat zu begehren, möglich ist. Und die Inspiration dieser Hoffnung und dieses Vertrauens in andere – durch euer Vorbild – ist Nächstenliebe.

Als Kinder des Einen Gottes, ICH BIN, tragt ihr alle Eigenschaften des Vaters in euch. Ihr, als Bewusste Schöpfer, könnt durch euer Verstehen und Ausüben eurer innewohnenden Göttlichen Fähigkeiten all das verfügen, was Gott Selbst verfügen kann; und es ist euer Privileg, das zu tun. Mein Privileg ist es, euch zu helfen, diesen Zustand des Einsseins mit dem Vater, mit der ICH BIN-Gegenwart, zu erlangen, damit alles, was ihr erhofft, sofortige Realität wird, durch das augenblickliche Bewusstsein und die Kraft des Lichts, das ICH BIN.

Es ist meine Hoffnung, dass ihr nun alle voranschreitet und anfangen werdet, das zu erlangen, was ich euch gezeigt habe, und dass ihr mit meiner Hilfe bald lernt, diese Vision zu einer Wirklichkeit zu machen. Denn während ihr Gehorsam gegenüber der großen ICH BIN-Gegenwart lernt, die in und über euch ist und die ihr in euren Herzen zu kontaktieren lernt – die Gegenwart, mit der ich und alle Aufgestiegenen Meister eins sind – während ihr euch reinigt, werden wir in der Lage sein, euch mehr und mehr zu unterstützen – und stets mit euch zu arbeiten und euch von innen her zu unterweisen. Ihr werdet feststellen, dass wir uns euch, während ihr zunehmend reiner werdet, immer mehr nähern; und wie durch ein Wunder beginnen all die Dinge, die ihr euch wünschen konntet, ins Dasein zu kommen – denn alles, was ihr je erlangen werdet, existiert schon als Möglichkeit; und es wartet nur darauf, von euch beansprucht und zu eurer Realität zu werden. In diesem neuen Bewusstsein, in das ihr euch hineinbewegt, werdet ihr – wenngleich noch auf dieser Erde als greifbare sichtbare Gegenwart – durch die Hilfe, die nur wir privilegiert sind zu geben, beginnen, in eurem Lichtkörper, den ihr selbst erschaffen habt und über den ihr vollständig Meister seid, zu leben und zu arbeiten. Das wird der Beginn eures Eintritts in das Königreich des Himmels sein.

Meine lieben Freunde, mit eurer Hilfe – und wenn es Erfolg haben soll, brauche ich wirklich eure Hilfe – werden wir zusammen vorwärts schreiten als eine Große Bruderschaft Gottes, von der alle ein Teil sind, und dieses Himmelreich zur Wirklichkeit machen. Dies ist die Geburtsstunde des Neuen Goldenen Zeitalters, in der ihr alle eine Mission habt – als Meister voranzuschreiten, die Frauen als Meisterinnen – wobei ich die Ehre und das Privileg genieße, euch darin zu unterstützen, euch für diese Mission zu reinigen und zu vervollkommnen. Dies ist mir eine große Freude, denn dies ist die Zeit – da viele von euch bereit sind, voranzuschreiten – auf die ich viele Jahrhunderte gewartet habe. In Europa habe ich während der Zeit, die zur Französischen Revolution führte, hunderte von Jahren in einem greifbaren sichtbaren Körper gearbeitet – ich kann euch aber versichern, dass ich, wenn ich wollte, recht unsichtbar sein konnte – in dem Versuch, die damals wirkenden destruktiven Kräften umzulenken und in dem Bestreben, zu jener Zeit das Neue Zeitalter hervorzubringen. Wie es jedoch so oft der Fall war, haben selbstsüchtige menschliche Kräfte, die durch jene wirkten, die an der Macht waren, es behindert, und da die Ausdehnung des Kosmischen Lichts noch nicht das heutige Ausmaß erreicht hatte, konnte ich nichts tun, um zu vermitteln. Ich musste mich zurückziehen und der Trägheit der menschlichen Schöpfung ihren Lauf lassen – daher die Französische Revolution.

Ich möchte, dass ihr wisst, meine Freunde, dass wir jetzt erfolgreich sein werden. Der Ewige Erlass ist verkündet worden:

Der Mensch soll frei sein!

Mit Blick auf die Verwirklichung dieser Freiheit stelle ich diese Wahrheit vor euch hin, damit ihr durch eure eigene demütige Anstrengung und mit möglichst wenig Mühe diese Freiheit erlangen mögt. Und ich möchte in aller Klarheit betonen, dass ihr nur durch Kenntnis dieser Wahrheit und in der Anwendung dieser Wahrheit frei werdet – und diese Wahrheit ist: ICH BIN. Denn ICH BIN ist der Große Schlüssel und das Losungswort, in die Gegenwart Gottes zu gelangen – zu eurem eigenen Gott-Selbst – und es ist euer eigener individueller Ausdruck der Vollen Manifestation Gottes in Aktion.

Es gab durch die Zeitalter hindurch viele Rassen und Sprachen, jede mit ihrem eigenen Ausdruck des Göttlichen, und ich möchte die vielen Ausdrucksformen, die aufrichtige Sucher heute verwenden, nicht kommentieren; es ist jedoch die Hoffnung der Meister, und mit Meister meine ich natürlich die Aufgestiegenen Meister, dass alle Schüler des Lichts dahin kommen, dass sie den Ausdruck ICH BIN verstehen und allezeit verwenden – nicht nur in ihrer Meditation, sondern in jeder Phase und Aktivität ihres Lebens – um sie so sicher und stetig wie möglich durch unsere Hilfe und ihre eigene standhafte Anwendung zu dieser sicheren bestimmten Herrschaft zu bringen, die sie erwartet. Ich kann das gar nicht genug betonen, ihr Lieben. Es gibt keinen anderen Ausdruck, keine andere Formulierung, kein anderes Wort, keine andere Praxis oder Übung, die euch so sicher und schnell in das Bewusstsein Aufgestiegener Meister, welches Gott-Bewusstsein ist, erheben wird wie der bewusste Gebrauch und das Verständnis des „ICH BIN". Dies ist das einzige Bewusstsein, das Eins ist, es gibt kein weiteres – das Bewusstsein des Aufgestiegenen Meisters. Das ist das Einzige Bewusstsein, das alle aufrichtigen Schüler erlangen müssen.

Auch wenn jetzt viele sogenannte Wege in unserem geliebten Amerika gelehrt werden, so gibt es am Ende dennoch keinen wahren Weg, ihr Lieben, als nur den direkten Weg – und ICH BIN Dieser Weg. ICH BIN ist die Offene Tür direkt in das Herz Gottes – die ICH BIN-Gegenwart. Nur ICH BIN wird den Weg zur direkten Unterstützung durch die Aufgestiegenen Meister öffnen. Das ist unerlässlich, wenn ihr unsere Nachhaltige Aktivität der Erhöhung haben wollt, die gebraucht wird für den endgültigen Schritt: den Aufstieg – der eure ewige Befreiung von der Erde ist und euer Eintritt in die nächste Oktave der Existenz – die Göttliche. Es ist derselbe Aufstieg, den Jesus vollbrachte und den ihr mit unserer Hilfe auch vollbringen könnt. Nur durch die erhöhende Aktivität von ‚*ICH BIN die Auferstehung meiner Form und Welt'* ist dieser Aufstieg möglich.

Als Jesus sagte, „ICH BIN der Weg, die Wahrheit und das Leben", bezog er sich auf diesen Weg, den Weg des ICH BIN. Aufgrund oppositioneller Kräfte und der nachfolgenden Verzerrung der Ereignisse um sein Leben und seinen Dienst und der Worte, die er sprach, wurden diese durch die Anhänger der vielen Dogmen, die auch heute noch vorherrschen, unterworfen; es war nur sehr wenig, was von diesen Lehren, die er nur an die wenigen gab, die bereit waren, ans Licht kam; Lehren hinsichtlich des ICH BIN und seiner eigenen Anwendung von ICH BIN-Dekreten und Affirmationen, von denen seine Aussagen voll sind, die allerdings in den biblischen Schriften nur wenig aufgezeichnet sind. Ihre starke Schwingung jedoch ist unauslöschlich in die

Aura des Planeten eingeprägt, so tief war sein Verständnis ihrer Bedeutung und Anwendung, und so stark aufgeladen war er mit der Energie, welche ihre fortwährende Anwendung hervorbringt – deren Kraft alle fühlen können, die heute die ICH BIN-Affirmationen, die er gebrauchte, wieder hören. So werden auch viele von euch so aufgeladen und erhöht werden, dass ihr dieselben Werke wie der Meister Jesus tun werdet. Wie er selbst sagte, „Ihr werdet noch größere Werke als diese tun." Es gibt viele, die diese und größere Werke getan haben und jetzt tun, auch wenn es zum größten Teil in der Natur ihrer Werke liegt, verschwiegen zu sein und unbekannt zu bleiben. Genau auf dieselbe Weise wie mein Bruder Jesus habe ich, Saint Germain, gemäß demselben Ewigen Gesetz, durch dieselbe Kraft Gottes, diese Werke vollbracht und vollbringe sie noch, und auch ihr werdet sie vollbringen. Wisset: Der, der das ICH BIN anwendet, hat das Königreich des Himmels – das Volle Bewusstsein Gottes in Aktion – und die Aufgestiegene Schar des Lichts, die die Volle Manifestation dieses Bewusstseins sind – immer in seiner Nähe.

Dieser Weg, dieses Königreich ist das ICH BIN DAS ICH BIN. ICH, Saint Germain, BIN Eins mit derselben Gegenwart, die ihr seid und die Jesus ist – ist das nicht erstaunlich? Nun, es sollte nicht erstaunlicher sein, als zu sagen, „Wir sind alle Eins im Vater". Es ist nur eine andere, viel direktere Art, dasselbe zu sagen.

Seht ihr, meine Kinder, es ist ein riesiger Unterschied zwischen dem Verständnis des Eins-seins und dieses Einssein in Aktion zu rufen. Wegen dieses großen Unterschiedes BIN ICH unnachgiebig, was eure Annahme und den Gebrauch des Ausdrucks, dieser gültigen Worte, ICH BIN, anbelangt, und wünsche auch von euch, unnachgiebig zu sein – und ihr wisst, was unnachgiebig heißt – wie ein Diamant. Denn nur durch diesen bewussten Ausdruck eures eigenen Gott-Selbst kann das Eine Bewusstsein angerufen werden, damit es für euch und in euch wirkt und euch in euren vollen Aufgestiegenen Zustand erhöht. Nur durch die Hilfe der Aufgestiegenen Schar des Lichts, die euer Gebrauch des Ausdrucks „ICH BIN" uns erlaubt, euch zu geben – und welche die Tragende Kraft hinter allen voll wirksamen Anrufungen ist – erreicht irgendjemand jemals den Aufgestiegenen Zustand. Eure Anwendungen mögen großartig sein, und wir gehen davon aus, dass sie es sind, wenn ihr darin ernsthaft seid, aber diese Anrufungen dauerhaft aufrechtzuhalten, ist einzig nur durch das Hinzufügen unserer Tragenden Licht-Substanz und Aktivität möglich und gegeben; kein Nicht-Aufgestiegener – ganz gleich, was er von sich behaupten mag – ist fähig, eine Manifestation zu vollbringen; denn wir sind Dieses Licht und allein durch Dieses Licht sollt ihr uns erkennen.

Ich werde euch nun eine Anleitung zur Anwendung dieser Affirmationen geben, welche als Ausdruck eurer eigenen Göttlichkeit hervorbringen wird, was ihr euch wünscht, im Sinne der Herrschaft eures eigenen Gott-Selbst – gelenkt von der Fähigkeit, welche eine zweifache ist: Visualisation und Qualifikation. Ihr könnt nicht das eine ohne das andere haben; wo es Gedanken gibt, da gibt es Gefühle, und wo es Gefühle gibt, da gibt es Gedanken.

Visualisiert das, wonach eure Affirmation verlangt, als würde es bereits stattfinden; dann qualifiziert diesen Gedanken gleichzeitig mit euren Gefühlen. Mit anderen Worten, moduliert eure aus dem Herzen fließende Gefühlsenergie so, dass ihr in der dualen Aktivität von Geist und Herz die Energie eurer eigenen ICH BIN-Gegenwart auf die Manifestation richtet, die ihr durch euer Wort, laut oder im Stillen gesprochen, ins Dasein ruft. Durch die Macht Gottes und durch das Göttliche Gesetz, durch das diese Macht wirkt, wird das, worauf ihr eure Aufmerksamkeit gerichtet habt, ins Dasein kommen, so gewiss wie die Nacht dem Tag folgt, denn das ist Gesetz; und nichts kann dieses Gesetz ändern. Aber verzagt nicht, wenn ihr eine Anrufung macht und ihr nicht sofort ein Ergebnis seht; das Ergebnis ist da, nur mögt ihr noch nicht eine ausreichende innere Vision haben, um es zu sehen – denn Gott arbeitet von innen nach außen. Das heißt, jede Manifestation findet zuerst auf den inneren Ebenen der Existenz statt; wenn dann mehr und mehr bewusste Lichtsubstanz zugeführt wird, beginnt sich die Manifestation auf den anderen dichteren Ebenen zu zeigen. Vergesst jedoch nicht, dass alle Ebenen Göttliche Ebenen sind; Gott ist überall und es gibt nichts, wo Gott nicht ist. Durch diese Tatsache der All-Gegenwart Gottes, kann sich das, was ihr euch in eurem Geiste in einem Teil des Universums ersinnt, in einem anderen Teil des Universums manifestieren; denn es gibt nur Eine Substanz, Ein Bewusstsein, und dieses ist das Bewusstsein eures Eigenen Gott-Selbst, ICH BIN.

Wenn ihr eine Affirmation anwendet, ihr Lieben, denkt daran, dass es allein die Macht Gottes ist, was die Erfüllung eurer Anrufung mit absoluter Sicherheit hervorbringt; und folglich braucht es dabei überhaupt keine Eile oder mentale Anspannung. So gewiss, wie ihr die Worte im Zentrum eures Seins sprecht, so gewiss geht die Manifestation vonstatten, und das, wonach ihr ruft, kommt ins Dasein, ja, es ist bereits da.

Die folgenden Affirmationen sind von unschätzbarem Nutzen für alle, die das Licht suchen, für jene, die Meisterschaft anstreben, und meinen Schülern empfehle ich sie ganz besonders:

ICH BIN das Lebendige Licht.

ICH BIN die Gott-Gegenwart: ICH BIN.

ICH BIN die Offene Tür, die niemand schließen kann.

ICH BIN Hier, ICH BIN Dort,

ICH BIN die Einzige Gegenwart Überall.

Von allen Affirmationen jedoch empfehle ich euch eine ganz besonders, welche – bei stetiger Anwendung mit vollem Verständnis ihrer Bedeutung – alle menschliche Aktivität in die Oktave Aufgestiegener Meister erhöhen wird:

ICH BIN die Auferstehung und das Leben.

Aus diesem Grund hat der Meister Jesus sie am häufigsten verwendet und sie ermöglichte ihm die Erhöhung seiner fleischlichen Form.

Wenn ihr ruhig und demütig, aber entschlossen bleibt bei eurer dynamischen Anwendung, werdet ihr – durch die Aktivität eurer eigenen Gefühlswelt – der Erhöhenden Aktivität insbesondere dieser Anrufung gewahr werden und ihre volle Bedeutung verstehen. Es gibt keine tiefgreifendere Aussage als diese! Durch Anwendung dieses Bewusstseins war Jesus fähig, das zu vollbringen, was er vollbracht hat, und was er getan hat, könnt auch ihr tun; und es dürfte – so wage ich zu sagen – für euch leichter sein, denn das Kosmische Licht hat heute eine größere Ausdehnung erreicht, als zu seiner Zeit. Von den Aufgestiegenen Meistern darf größere Hilfe gegeben werden und wird gegeben, und wird weiterhin gegeben werden, bis das gesamte Amerika und die Erde selbst Erhoben ist in diese Sphäre des Lichts und der Errungenschaften, wo alle Kinder Gottes wieder Eins sind mit ihrem eigenen Gott-Selbst, und es Eine endlose Welt gibt. So sei es, so wird es sein!

Also, ihr Lieben, wenn ihr das ICH BIN verwendet, werdet ihr die Schleusen zur Oktave der Aufgestiegenen Meister weit öffnen für uns, um euch mit einer Hilfe zu überfluten, eure Welten mit Licht zu erfüllen, wie ihr es nicht im Traum für möglich gehalten habt. Während ihr in unsere Ränge eintretet, werdet ihr unsere große Weisheit sehen, wie wir die Lehre über den Gebrauch dieses Ausdrucks zu dieser Zeit herausgeben; denn durch den steten Gebrauch und den Gehorsam gegenüber dem Gesetz, und durch die Anwendung dieser Affirmationen als Teil dieses Gesetzes — und tägliche Anwendung durch jedes Individuum in seinen eigenen Worten — wird das größte Licht und die größte Freiheit ermöglicht, die die Welt je gekannt hat. Merkt euch meine Worte! Dieses Licht kann nicht versagen, hat nie versagt und wird nie versagen, denn

DAS LICHT GOTTES VERSAGT NIE!

DAS LICHT GOTTES VERSAGT NIE!

DAS LICHT GOTTES VERSAGT NIE!

UND DIE GEGENWART GOTTES,

DIE ICH BIN,

IST DIESES LICHT!

Ich danke euch.

Die Macht der ICH BIN Gegenwart

Godfre Ray King spricht

Ihr lieben Herzen, und ihr seid meine lieben Herzen, gestattet ihr mir, einige Gedanken mit euch zu teilen, betreffend meiner Erfahrungen hier auf eurer schönen Erde? Wenn wir ein Gespräch von Herz zu Herz führen, entsteht zwischen uns vielleicht ein Verständnis, was mir große Freude bereiten würde, dessen könnt ihr sicher sein; denn die Hilfe, die ich euch geben kann, wird dann so viel größer sein.

Da es noch gar nicht so lange her ist, seit ich mich von der Erde entfernt habe, und viele von euch heute mit denselben Dingen konfrontiert sind, mit denen ich konfrontiert war, habe ich mich entschieden, jetzt in dieser Weise zu euch zu kommen, um einige meiner Gedanken zu teilen, bezüglich dessen, was ich durchleben musste, und das vielleicht hilfreich für euch ist, eure Welten von allen restlichen Spuren eurer menschlich erschaffenen Begrenzung zu klären, so dass ihr absolut frei in dem Wissen vorwärtsgehen könnt, dass euch der Sieg absolut gewiss ist. Dieser Sieg ist für alle Herzen, die dem Großen Gesetz des ICH BIN gehorsam sind, so sicher und gewiss, wie ICH jetzt zu euch hier aus der Oktave des Lichts der Aufgestiegenen Meister spreche.

Zufall, ihr Lieben, hat überhaupt nichts zu tun mit eurem Erfolg auf dem Pfad der Aufgestiegenen Meister, denn wer immer ihr seid, wo immer im Leben ihr steht, es ist ein direktes Ergebnis eurer eigenen Bemühungen und der

Aktivität eures Lebensstromes zu der einen oder anderen Zeit; ich weiß wohl, dass sich viele von euch, während ihr durch wechselhafte Erfahrungen geht, sicher fragen, warum ihr durch einige der Prüfungen geht, mit denen ihr konfrontiert seid. Da mögen für euch überraschend Dinge wieder auftauchen, die euch einholen, damit ihr sie bearbeitet, Dinge, die euch abwegig erscheinen, mit denen ihr im Leben nicht rechnen würdet; aber fasst Mut, liebe Herzen. Ich sage euch: *Jede Erfahrung, mit der der ernsthafte Schüler des Gesetzes konfrontiert ist, kommt nicht zufällig, sondern ist ein bestimmter Teil seines Wachstums und seiner Entwicklung, ein bestimmter Teil des Planes seines Lebensstromes, und muss offen und ehrlich konfrontiert werden.* Ich sage das mit der ganzen Gewissheit meines Seins, wie ICH hier jetzt vor euch BIN. Ihr müsst eurer Erfahrung ins Auge sehen und da gibt es kein Wenn und Aber; ‚Gebt euch einen Ruck‘, wie ihr zu sagen pflegt. Ihr müsst lernen, in der Welt zu sein. Ihr könnt schwierigen Erfahrungen nicht entkommen und trotzdem wachsen, so wenig, wie ihr erwarten könntet zu atmen, wenn ihr in einem Vakuum zu leben hättet. Warum? Erfahrung ist das Korn für die Mühle, der Nährboden für eure Meisterschaft. Ohne Erfahrung könnt ihr kein Meister werden. Wie könntet ihr ohne die Welt die Welt überwinden? Wie könntet ihr ohne Erfahrung Meister eurer Erfahrung werden? So ist die Lektion, die ihr lernen müsst: *Seid in der Welt, aber nicht von der Welt.*

Ihr müsst lernen, eure Führung und Richtung direkt hier im dichtesten Gewühl zu bekommen, und kein Selbstmitleid zu empfinden, wenn es hart auf hart kommt. Ihr müsst lernen, eurer Erfahrung ins Auge zu sehen, aufzustehen und zu sagen,

Seht her,

ICH BIN die Gegenwart Gottes hier,

und durch die Macht des Lichts,

Das ICH BIN,

befehle ich, dass sich augenblicklich

Vollkommenheit einstellt.

Dann lasst zu, dass es sich einstellt – und es wird sich einstellen. Bleibt einfach standhaft, vollkommen ruhig und gelassen, und wartet geduldig darauf und schaut, wie diese Vollkommenheit aussieht. Seid nicht überrascht, wenn ihr Gott In Aktion seht. Wie vollkommen euer Gott-Selbst es jedes Mal handhaben wird; und handhaben wird Es das! Es muss, wisst ihr, denn es ist das Gesetz und hat keine andere Wahl als es zu handhaben. Dann werdet ihr erkennen, warum es für euch notwendig war, diese Erfahrung zu machen. Ihr werdet erkennen, was es euch gezeigt hat, entweder über euch selbst oder jemand anderen, oder sonst ein Wirken des Gesetzes, über das ihr Klärung brauchtet; denn wenn ihr weise werden sollt, müsst ihr Erfahrung haben, und Weisheit ist der Zustand, den ihr anstreben müsst, um Meister zu werden und anderen dienen zu können. Ich möchte, dass ihr Schüler wisst: *Alle anderen, nicht nur ihr, die ihr bewusst seid, sondern alle anderen sind auch auf dem Pfad.* Als Meister in der Entwicklung ist es eure Pflicht, bereit und in der Lage zu sein, jedem zu helfen, überall, jederzeit, ganz gleich, wie bescheiden seine Lebenssituation erscheinen mag, oder wie entfernt von der geistigen Welt er erscheinen mag; denn, ihr Lieben, alle sind Suchende, ob sie darüber reden oder nicht – und ihr kennt nie, ich wiederhole, ihr kennt nie den geistigen

Entwicklungsstand eines anderen Gottes-Kindes. In Hinblick auf das Wachstum des Lebensstromes sind alle Begriffe wie ‚hoch' und ‚niedrig' relativ, denn bezüglich der Evolution gibt es kein Ende. Selbst im Aufgestiegenen Zustand wachsen wir und entwickeln uns; auch wenn wir alle menschliche Begrenzung gänzlich transzendiert haben und in jeder Weise vollkommene Gott-Wesen sind. Denn Leben ist Wachstum und alles Lebendige wächst auf die eine oder andere Art. Wenn etwas aufhört zu wachsen, hört es auf zu existieren.

Man darf nie auf ein anderes Geschöpf Gottes herabschauen, denn ganz gleich, wie fortgeschritten man sein mag, es gibt immer jene, die weiter fortgeschritten sind und auf deren Hilfe und Liebe man für das eigene Wachstum angewiesen ist. Also, seht ihr, meine Lieben, in uns Vertrauen zu haben, die wir weiter fortgeschritten sind und die menschliche Oktave bereits überschritten haben, in euer eigenes Gott-Selbst Vertrauen zu haben, mit dem wir Eins sind, und danach zu streben, anderen zu helfen, die auch Teil des Einen sind, ist die wahre Gleichwertigkeit des Lichts, aus dem alle Menschen gleich erschaffen wurden – und es ist der ganz sichere Pfad zur Harmonie mit aller Schöpfung.

Was meine eigenen Erfahrungen betrifft, liebe Herzen, ich hatte mich mit jeder nur vorstellbaren Situation zu konfrontieren; und ich möchte euch sagen, manchmal dachte ich, es ginge nicht mehr weiter, so groß war die Kraft, die gegen mich zu sein schien – und ich musste alles geben, um mich herauszuretten. Aber nie habe ich verzagt, auch wenn ich oftmals nahe daran war; denn ich wusste, wenn ich eine bestimmte Kraft nicht meisterte, würde ich immer wieder mit Erfahrungen konfrontiert werden, wo dieselbe Kraft in Aktion treten würde, solange, bis meine Entschlossenheit, sie zu überwinden, so groß ist, dass meine Dynamische Anwendung des Gesetzes zu einer Bezwingenden Gegenwart wird. Nie mehr hatte diese Kraft irgendeine Macht über mich, weil ich, wie ihr seht, nun Meister über sie war!

Bei einigen Anlässen, ihr Lieben, kamen sogar Leute auf mich zu und sagten mir direkt ins Gesicht, „Dich krieg ich dran", und ich rief sofort Gott an, meine eigene ICH BIN-Gott-Gegenwart und sagte, „Nein, das wirst du nicht." Sie sagten, „Wer soll mich davon abhalten?" Ich antwortete mit der vollen Überzeugung, die ICH BIN, „GOTT IN DIR WIRD DICH DAVON ABHALTEN." Immer, wenn die Person vor mir stand, segnete ich diese still und rief ihre eigene Gott-Gegenwart in ihr an, hier das Kommando zu übernehmen, denn ich wusste zu solchen Zeiten immer und behielt in meinem Bewusstsein, dass ein Teil Gottes einem anderen Teil Gottes nicht schaden konnte und nie geschadet hat, trotz des menschlichen Sinnes-Bewusstseins, das versucht, einen vom Gegenteil zu überzeugen. Mein Inneres Vertrauen darin war so stark, dass als Ergebnis dieses Bewusstseins von Gott In Aktion, die ICH BIN, die Aktivität des Lichts in uns beiden so verstärkt wurde, und wir so erhöht wurden, dass nicht nur ich unüberwindlich geschützt war, sondern das andere Individuum um Vergebung bat und von da an ein veränderter Mensch war. Jeder von euch kann dasselbe tun, und ICH SAGE EUCH, DASS IHR ES KÖNNT.

Einmal richtete vor einem großen Publikum eine Person einen Revolver auf mich, und obwohl dieser voll geladen war, feuerte er nicht, als der Abzug betätigt wurde. Mein physisches Leben schien in ernsthafter Gefahr zu sein, obwohl ich wusste, dass es das nicht war; denn durch meine vorherige intensive Anwendung und durch den Elektronischen Schild, den ich durch diese Anwendung generiert hatte, war ich unüberwindlich geschützt — trotzdem habe ich in diesem

Moment doch eine kraftvolle Anwendung gemacht, dessen könnt ihr sicher sein, meine Lieben.

Durch ernsthafte, tägliche – nein, kontinuierliche – Bemühung und Anwendung dieser großen Gesetze, habe ich in meine Welt dieses stille, sichere Vertrauen gebracht, das ich immer beibehielt – diese Sichere Gewissheit der Realität Gottes in mir; und so war ich und werde ich immer Unüberwindlich Geschützt und im Licht Siegreich sein! So wird es auch bei euch sein, wenn ihr stetig Anwendungen macht; denn während ihr lernt, eure Meditation zu *einem unaufhörlichen Gebet* zu machen, werdet ihr ein Göttlicher Energie-Speicher, so geladen, dass ihr auf Gebot und unter der Führung eures eigenen Gott-Selbst sofort handeln, oder irgendeine Form annehmen könnt.

Es gibt einige, die jetzt Kinder sind, die fähig sein werden, wenn sie von ihren Eltern mit dem vollen Wissen über dieses Gesetz aufgezogen werden, ihr natürliches Gottes-Bewusstsein für die Präzipitation aller ihrer Wünsche einzusetzen. In diesen Fällen wage ich zu sagen, dass die Eltern vom Kind lernen werden. Das ist die eine Sache über dieses Große Gesetz; sogar ein Kind kann es verstehen. Das ist das Markenzeichen all unserer Lehren: *Einfachheit.* Ihr Lieben, ich habe vier und fünf Jahre alte Kinder diese einfachen Affirmationen anwenden gesehen und sie erreichten Ergebnisse, die ihre Eltern in Erstaunen versetzten; so könnt ihr darauf wetten, dass sich die Eltern befleißigen werden, ihre Anwendungen auch zu machen! Was kann schöner sein, als die reine Manifestation des Lebendigen Christus mit all seiner kindlichen Einfachheit und Anmut? Es ist dieses kindliche Vertrauen, das ihr haben müsst. Zuerst wendet ihr es auf kleine Dinge an und wenn ihr entdeckt, dass es funktioniert, dann wendet es auf größere Dinge an. Und auf diese Weise baut ihr Vertrauen auf – und Vertrauen vertreibt alle Unvollkommenheit.

Wisst ihr, ihr Lieben, was die Menschheit mehr als alles andere braucht, ist Vertrauen. Ja, natürlich wird Liebe gebraucht, aber Vertrauen ist eine Form der Liebe, die Form der Liebe, die Angst und Zweifel vertreibt – die absolute Gewissheit der Gegenwart Gottes im Innern. Glaubt mir, Angst und Zweifel sind heute die beiden größten ‚Abflüsse' in jedem Individuum. Angst ist eigentlich nur Zweifel, der sich in einer etwas anderen Weise manifestiert; und die unterschiedlichen Manifestationen von Zweifel sind zahlreicher, als dass ich sie nennen könnte: Wut, Selbstmitleid, Selbstrechtfertigung, Habgier, Apathie sind nur einige wenige. Oft, tatsächlich sehr oft, erkennen die Menschen nicht, dass diese Kräfte in ihnen wirken, denn sie sind oft inaktiv, bis sich eine bestimmte Situation einstellt und die Kraft wachgerufen wird oder in Aktion tritt, sogar bei Schülern, die auf dem Pfad weit fortgeschritten sind. Dann rechtfertigt dieser sehr oft seine Handlungen oder Gefühle so geschickt, dass er später nicht gewahr wird, was es war, das in ihm wirkte; und das kann sehr gefährlich sein, besonders bei jemandem, der in einer Position mit Einfluss auf das Leben anderer ist. Ehrlichkeit ist die erste und wichtigste Voraussetzung, die von jedem Schüler des Gesetzes erwartet wird, und Ehrlichkeit mit sich selbst steht über allem. Wenn ihr euch nicht selbst überprüft und eure Welt, und was darin agiert, genau anschaut, und nicht dann an die Arbeit geht und sauber macht – und das ist ein kontinuierlicher Prozess, wie könnt ihr erwarten, Meister zu werden? Ich hoffe, ihr erwartet nicht, dass wir es für euch tun.

Während ihr das Haus reinigt, und damit meine ich, dass ihr eure Gegenwart bittet, von eurem Geist, Körper und eurer Welt alles zu entfernen, das weniger als vollkommen ist, werdet ihr erstaunt sein, wenn ihr eure Gegenwart aufrichtig bittet, euch die vielen unseligen Gelegenheiten zu zeigen, wo der Zweifel in euch gewirkt hat, um euch daran zu hindern, mit eurem Vollen Göttlichen Potential tätig zu sein. Wenn ihr dann an dem arbeitet, was ihr seht, wird eure Göttliche Gegenwart so nahe kommen, dass Ihre Hilfe und unterstützende Kraft eine nie endende Freude und ein nie endender Segen sein wird für euch und alle, die mit eurer Welt in Berührung kommen. Die Menschen werden sagen, „Was ist das, dass du so anders bist? Du scheinst dich verändert zu haben"; und ihr werdet feststellen, dass es die Menschen zu euch hinzieht, ohne zu wissen, warum – und ihr werdet ein großer Segen für andere sein, wo auch immer ihr hingeht, wo auch immer wir euch hinführen – denn dann, und nur dann können wir euch für die übermenschliche Arbeit einsetzen, mit der wir befasst sind. Was auch immer ihr überwunden habt, das könnt ihr anderen helfen zu überwinden. Was für eine Freude wird es für euch sein, wenn ihr in die Lage kommt, anderen diesen Großen Dienst zu erweisen! Geben ist wahrlich gesegneter als Empfangen. Während sich der Dienst ausdehnt, für den wir euch einsetzen können, indem ihr eine immer größer werdende Sonne werdet, wird durch euer eigenes Ausströmen an andere die Liebe und Hilfe der Legionen des Lichts euch erhöhen und Segnen, in weit größerem Ausmaß, als ihr zu segnen vermögt. Eure Energie wird sich bei weitem nicht erschöpfen, sondern ihr werdet finden, dass eure Energie, eure Vitalität fortwährend wächst und wächst, und ihr werdet feststellen, dass ihr eine große Batterie mit Energie für Liebevolle Dienste werdet. Das Unendliche Licht Gottes wird aus euch zu allen Zeiten hervorströmen und wieder werdet ihr eine Sonne Gottes sein.

Ich möchte euch sagen, dass ihr euch oft in Situationen finden werdet, wo ihr einem Menschen gegenübersteht, mit dem ihr nichts gemein zu haben scheint, und ihr wisst nicht, warum ihr eigentlich dort seid. Nun, ihr müsst einfach nur eure Gegenwart anrufen, dass euch sofort gezeigt wird, was der Grund ist, warum ihr dort seid, und was ihr tun sollt. Ich schlage vor, dass ihr etwas wie dieses sagt:

ICH BIN die Gegenwart Gottes,

die durch mich handelt

und durch mich spricht,

in vollkommener Göttlicher Ordnung,

jetzt in diesem Augenblick.

Dann fahrt fort und tut, was sich als das Natürliche anfühlt, um das Gespräch in Gang zu halten, und ihr werdet dann im weiteren Verlauf das richtige Gefühl bekommen, was geschehen soll, was ihr sagen sollt, oder vielleicht, was der andere zu sagen hat, das für euch wichtig oder hilfreich ist. Seid einfach natürlich; ihr dürft euch nicht anmerken lassen, dass ihr irgendetwas Ungewöhnliches tut, ganz gleich, wie dynamisch euer Innerer Anruf sein mag. Dann habt Geduld. Oh, seid geduldig, seid geduldig! Das kann ich nicht genug betonen. Bleibt einfach entspannt und wisst, dass die Gegenwart Gottes wirkt, um den Vollkommenen Göttlichen Plan für diese Situation zustande zu bringen. Oft werdet ihr nicht wissen, oder nicht einmal die leiseste Ahnung haben, was der Plan ist, aber ihr geht einfach auf völlig natürliche Weise voran, von Moment zu Moment, während ihr eure Innere Führung hervorkommen fühlt. Ihr werdet überrascht sein, wie leicht und natürlich es ist, eure Göttliche Führung in jedem Augenblick zu bekommen, ganz gleich, wo ihr seid; und oft werden die Menschen, zu denen ihr sprecht, sagen, „Das ist genau das, was ich hören musste; wie haben Sie das gewusst?" Und ihr werdet sagen, „Oh, ich hatte nur das Gefühl, dass Sie das vielleicht interessieren könnte", oder etwas anderes Natürliches, um euch nichts von der inneren Arbeit, die ihr tut, anmerken zu lassen; denn das erste Gesetz und Motto der Großen Weißen Bruderschaft ist:

WISSE, WOLLE, WAGE, SCHWEIGE.

Schweigen müsst ihr. Darüber hinaus kommt nur nicht auf den Gedanken, dass ihr irgendjemandem überlegen seid, weil ihr das Gesetz kennt, denn oft wird der Grund, warum ihr mit einem anderen Individuum in Verbindung gebracht werdet, ganz gleich, wie bescheiden seine Erscheinung oder wie unbedarft es in Bezug auf spirituelle Dinge erscheinen mag, der sein, dass dieser Mensch eine Botschaft für euch hat, von der wir wünschen, dass ihr sie hört, es kann etwas spezifisches sein, das ihr in dem Moment notwendig braucht; und oft gehen wir mitten unter euch und ihr erkennt uns nicht. Es gibt viele, die Aufgestiegene Meister in greifbarer, sichtbarer Form getroffen und mit ihnen geredet haben, ohne ihrer gewahr zu werden; und glaubt mir, ihr Lieben, in solchen Fällen pflegten wir immer die Erscheinung eines in Verhalten und Auftreten durchschnittlichen Menschen anzunehmen.

Erwartet, uns zu begegnen, und wenn ihr alle, denen ihr begegnet, wie Meistern begegnet, werdet ihr vielleicht einem begegnen – wie der zu erweisende Dienst es zulässt. Vergesst nicht: *Das Licht Gottes ist in jedem.* Wir sind immer unter euch, ob in berührbarer Form oder nicht, und während ihr bestrebt seid, einander zu helfen, euren Mitbrüdern und -Schwestern, so öffnet ihr uns den Zugang zu euren Leben und Welten. Ich sage euch, meine lieben Freunde, wir sind höchst glücklich, wenn wir durch diese Tür eintreten können; und ich sage euch jetzt, wir werden eintreten. Und wie schön wird es dann sein, wenn wir von Herz zu Herz sprechen können, oder? Was hindert uns, dass diese Zeit *jetzt* ist?

Hinweis:
Die in diesem Buch angeführten Reden des Großen Göttlichen Direktors, Saint Germains und Godfre Ray Kings, sind Durchsagen, die Peter Mt. Shasta im Januar 1977 auf Wunsch des Großen Göttlichen Direktors diktiert wurden. Die Meister erschienen in ihren sichtbaren Lichtkörpern. Diese Reden sind nicht das Ergebnis einer menschlichen Bemühung des Autors, eine ‚Durchsage' zu erhalten. Ihr Erscheinen kam völlig unerwartet. Die erhaltenen Reden sind vollständig abgedruckt in dem Buch ‚*ICH BIN die Offene Tür, Reden der Aufgestiegenen Meister'*, von Peter Mt. Shasta.

Peter Mt. Shasta

Peter Mt. Shasta ist in Spirituellen Kreisen bekannt als jemand, dem das Privileg zuteilwurde, von Göttlich freien Wesen, bekannt als Aufgestiegene Meister, kontaktiert und über Jahre geschult zu werden. Er wuchs in der Beatnik-Ära in einem Vorort von New York auf, erwachte spirituell durch Praktizieren von Yoga und reiste 1971 nach Indien, wo er Baba Ram Dass, Neem Karoli Baba, Anandamay Ma, Shivabalayogi, Sathya Sai Baba und viele andere Yogis, Siddhas und erleuchtete Wesen traf. Sathya Sai Baba leitete ihn an, auf das „ICH BIN" zu meditieren, das Bewusstsein, in dem alle spirituellen und religiösen Wege vereint sind. Nachdem er aus Indien zurückgekehrt war, erschien ihm während einer Meditation in Muir Woods nahe San Franzisco der Aufgestiegene Meister Saint Germain in physischer Form und bot ihm eine persönliche Schulung an. Er wurde aufgefordert, seinen Wohnsitz in dem Spirituellen Brennpunkt Mount Shasta zu nehmen und sich fortan Mt. Shasta zu nennen. Hier wurde er zusammengeführt mit seiner Lehrerin Pearl Dorris, einer früheren Assistentin von Godfre Ray King, (Autor von ‚Enthüllte Geheimnisse'). Seine Lehre im Dienst der Aufgestiegenen Meister dauerte zwölf Jahre, in dieser Zeit musste er durch verschiedene existentiell herausfordernde Erfahrungen gehen und wurde auf Missionen geschickt, deren Bemeisterung ihn der Gott-Gegenwart im eigenen Inneren, dem ICH BIN, immer näher brachten.

In seiner zweibändigen Autobiografie ‚Abenteuer eines Westlichen Mystikers' hat er diese Erfahrungen und seine Zeit in Indien niedergeschrieben.
Peter Mt. Shasta lebt in Mount Shasta, wo er als Spiritueller Lehrer tätig ist.